Julius Wilhelm Rachel

Bemerkungen zu dem Entwurf eines allgemeinen Berggesetzes

Für das Königreich Sachsen

Julius Wilhelm Rachel

Bemerkungen zu dem Entwurf eines allgemeinen Berggesetzes
Für das Königreich Sachsen

ISBN/EAN: 9783743404625

Hergestellt in Europa, USA, Kanada, Australien, Japan

Cover: Foto ©Suzi / pixelio.de

Manufactured and distributed by brebook publishing software (www.brebook.com)

Julius Wilhelm Rachel

Bemerkungen zu dem Entwurf eines allgemeinen Berggesetzes

Bemerkungen

zu dem

Entwurfe eines allgemeinen Berggesetzes

für das

Königreich Sachsen

von

Julius Wilhelm Rachel

Advokat in Dresden.

Dresden.
Druck und Verlag von C. C. Meinhold & Söhne
(Königl. Hofbuchdruckerei).
1864.

Der von der Königlichen Staatsregierung bearbeitete Entwurf eines Berggesetzes hat den doppelten Zweck sowohl der Umarbeitung des unter dem 22. Mai 1851 publicirten Berggesetzes, als der Unterordnung des Bergbaues auf Stein- und Braunkohlen unter das bisher nur für den Regalbergbau geltend gewesene Berggesetz zu erfüllen.

Bei nur einigermaßen näherer Kenntniß des Berggesetzes konnte man der Ueberzeugung sich nicht verschließen, daß das bestehende Berggesetz weitere Grenzen für Privatbergbau erlangen, mehr Freiheit in sich aufnehmen mußte, um mehr geben zu können. Der sogenannte Regalbergbau mußte sich entschließen, den Bergbau auf nichtmetallische Minerale als gleichberechtigt neben sich anzuerkennen, da es nicht schwer fallen möchte, nachzuweisen, daß die Aufschließung der großen Kohlenbassins Sachsens zu dem Emporblühen der Industrie und des Verkehrs in der Hauptsache beigetragen hat, und daß, wenn man das Alter des metallischen Bergbaues mit den wenigen Decennien des Bestehens der meisten, insbesondere größeren Kohlenbergwerke vergleicht, der Kohlenbergbau in sehr kurzer Zeit die möglichst große Ausdehnung erlangt, seine Kraft erprobt hat, so daß die statistischen Tabellen von den ungeheuren Zahlengrößen der mehrjährigen Kohlenförderung und der bedeutenden Kopfzahl der arbeitenden Mannschaften Zeugniß geben können. Es hat der neue Entwurf jetzt eine um so größere legislatorische Bedeutung, als er berufen ist, zusammen mit dem Civilgesetzbuch, sobald dasselbe in Wirksamkeit treten wird, dem für unser Vaterland so wichtigen und in volkswirthschaftlicher Beziehung so segensreichen Bergbaue sowohl über metallische, als nichtmetallische Mineralien und Fossilien Unterstützung und rechtlichen Schutz zu gewähren. So entschieden unser rechtliches Zeitbewußtsein dahin geht, alle exemte Rechte und Proceßformen abzuschaffen und gleiches Recht für Alle und in Allem herzustellen, so wenig ist zu bezweifeln, daß der Bergbau nicht die ihm nöthige freie Bewegung und nicht den speciellen erforderlichen Schutz genießt, wenn nicht besondere civilrechtliche Verwaltungs-, Staats- und Polizeigesetze dessen Bestehen überwachen und schützen.

Ein Berggesetz für Sachsen, wenn es den metallischen und nichtmetallischen Bergbau umfassen soll, stößt auf größere Schwierigkeiten, als ein Gesetz, das nur den ersteren, den sogenannten Regalbergbau zum Gegenstande hat. Denn die beiden Arten des Bergbaues haben ganz verschiedene Grundlage, ihre Rechtsverhältnisse und Formen sind daher nicht durchgängig gleich; der Steinkohlenbergbau kennt insbesondere nicht die mannigfache Gliederung der Arbeiter und Beamten, der Regalbergbau kann vieler durch das Alter eingewurzelten Einrichtungen sich nicht entbrechen, die das Kind der Alles rasch bewegenden Zeit, der Steinkohlenbergbau nicht bedarf. Die Grundlage beider ist insofern verschieden, als der Abbau der metallischen Mineralien nur von der Verleihung durch die Bergbehörde abhängig, sonst für Jedermann freigegeben ist, für die nichtmetallischen Mineralien aber, weil sie als Bestandtheil des Grundstücks gelten, in und unter dem sie liegen, ehe der Bergbau auf letztere beginnen kann, das Recht des Abbaues erst durch Verhandlungen im Privatwege und gewöhnlich durch eine baare einmalige oder laufende, bestimmte, rentenartige Gegenleistung erworben werden muß. Bei dem Regalbergbau hat das Gesetz allein alle Verhältnisse zu ordnen, bei dem Nichtregalbergbau bildet aber der mit dem Grundbesitzer über Erwerbung des Abbaurechtes auf die unter dessen Grund und Boden liegenden Mineralien und Fossilien die Grundlage des Rechtsverhältnisses, und das Gesetz tritt nur ergänzend und regelnd für die civilrechtlichen Fragen, soweit der Vertrag nicht das Recht hergestellt hat, unterstützend und beschränkend, soweit gewerbs- und staatspolizeiliche Grundsätze es erfordern, ein.

Früher erklärte auch noch bei dem Landtage 1858 der Königliche Commissar, daß eine Vereinigung der beiden Bergbauarten in einem Gesetze schwer thunlich sei, da ein Gesetz über Nichtregalbergbau wesentlich civilrechtlicher Natur sein müsse; diese civilrechtlichen Fragen, die er aufstellte, sind durch die Gesetzgebung längst beantwortet und als unzweifelhaft auch in den Entwurf aufgenommen; der vorliegende Entwurf löst die Frage genügend, die früher unlöslich schien.

Beiden Arten des Bergbaues gemeinsam können nämlich sowohl die administrativen und polizeilichen Bestimmungen, als auch das processualische Verfahren sein, mag es eine Bergverwaltungs- oder Bergpolizeisache betreffen.

Das Berggesetz soll dem Bergbau nicht bloß besondere Verpflichtungen auferlegen und Grenzen stecken, sondern, obwohl der Rechtsweg schließlich noch offen steht, insbesondere das processualische, civilrechtliche, gemeine, daher weitläufige Verfahren ausschließen und den Bergbauinteressenten zunächst auf dem Verwaltungswege, besonders für dringende Fälle und um großen Schaden bis zu Beendigung des etwa entstehenden Rechtsstreites zu vermeiden, wenn nicht auf dem Verhandlungswege alle streitigen Punkte geschlichtet werden könnten, interimistische Feststellung streitiger Verhältnisse möglich machen. Das Berggesetz berührt sehr viele Lehren des Civilrechts, wie z. B. über die Rechtsobjecte, den Besitz und das Eigenthum, über Servituten, über Pfandrecht und speciell Hypotheken, über den Gesellschaftsvertrag, das Concursrecht 2c., aber es bedingen die Eigenthümlichkeiten des Bergbaues, wenn derselbe alle technischen Erfordernisse erfüllen, nach rationellen und volkswirthschaftlichen Grundsätzen betrieben werden soll, daß besondere Rechte den Interessenten gewährt werden, und denen entsprechende speciellere, in dem allgemeinen Civilrechte nicht vorkommende Beschränkungen des Eigenthums und abgekürztere Proceßformen gesetzlich vorgeschrieben und gewährt werden. Die Begünstigung des Bergbaues durch die Gesetzgebung involvirt keine ungerechtfertigte Bevorzugung, sie ist ein Erforderniß des Bestehens des Bergbaues, der als Gewerbe ein schweres Unternehmen ist; die Aussicht auf nur einigermaßen lohnende Ausbeute muß mit bedeutenden Opfern erkauft und durch Ueberwältigung großer und unerwarteter Hindernisse erkämpft werden, und Niemand weiß im Voraus, ob der Lohn der angewendeten Mühe und geübten Geduld entsprechen wird. Seine Früchte kann nicht Jeder, als wenn er nur den Boden zu bebauen und zu säen nöthig hätte, sich verschaffen. Die Anstalten, die der Bergbauende treffen muß, darf ihm daher nicht der Eigensinn des Einzelnen hindern können, er kann nur da in die Erde gehen, wo die natürliche Lagerung es gebietet; er kann nicht beliebig verfahren, muß daher auch sicher sein, nicht gehemmt zu werden.

Die neuen Bergrechtslehrer bekennen, daß das Bergrecht noch nicht vollständig durchgebildet ist und daß nach diesem Ziele gestrebt werden muß, haben aber bei dem Begriffe des Bergrechts nur den sogenannten Regalbergbau im Auge, dessen Ausübung auf den alten Formen des Schürfens, Muthens und der Verleihung (oder Gewährung) beruht. Dieses Bergrecht ist auch mehr oder minder das allein geltende in den Staaten und Ländern, wo alle Mineralien, sowohl metallische, als nichtmetallische, dem sogenannten Regale unterworfen, resp. weil sie von dem Staate Jedem verliehen werden können, frei erklärt worden sind. Nur allein in Sachsen und Bayern sind die Stein- und Braunkohlen, sowie andere nicht metallische Mineralien Ausfluß des Grundeigenthums, d. h. es ist deren Abbau nicht frei für Jedermann, sondern es ist zur Erlangung eines Abbaurechts zunächst dessen Erwerbung durch Vertrag mit dem Grundbesitzer erforderlich. Daraus folgt, daß ein für Sachsen bestimmtes Berggesetz sowohl den Regalbergbau, als auch den Abbau auf nichtmetallische Mineralien und Fossilien umfassen muß. Für Sachsen war bisher das Mandat vom 10. September 1822 in den Erblanden und vom 2. April 1830 in der Oberlausitz für den Stein- und Braunkohlenbergbau die einzige gesetzliche Norm, und ist dasselbe in dem neuen Berggesetze aufgenommen worden.

Wenn das Berggesetz ein allgemeines sein soll, wie es benannt ist, so würde unzweifelhaft die Aufnahme des Stein- und Braunkohlenbergbaues, den das frühere Gesetz, das nur den Bergbau auf Erze betraf, nicht berücksichtigt hatte, eben so nothwendig, als auch überhaupt dessen Anwendung, außer auf den genannten Kohlenbergbau, auf allen mittels unterirdischer Baue und auf bergmännische Art getriebenen Abbau von nichtmetallischen Mineralien auszusprechen und zu erstrecken sein. Die Nothwendigkeit liegt nicht nur im Interesse der dem Staate aus allgemeinen Sicherheits- und Wohlfahrtsgründen obliegenden Bergpolizei, sondern auch vorzüglich im Interesse der Bergbautreibenden selbst, deren Betrieb ein gleiches Recht auf die den auf metallische Mineralien und Kohlen Bergbauenden durch das Gesetz gewährten specielleren Schutz haben soll.

Außer den Stein- und Braunkohlen würden noch jedenfalls der Abbau von Kalk, Marmor, Serpentinstein und die Schieferbrüche aufzuführen sein, soweit sie, gleich wie die Kohlenwerke, nach § 5 des Entwurfs zu einem rationellen, insbesondere unterirdischen Betriebe geeignet sind, da diese Arten Bergbau in neuerer Zeit einen großen Aufschwung nur dadurch erhalten haben, daß sie auf bergmännische Art, theils unterirdisch — wie vorzüglich der Kalkstein — theils vom Tage abgebaut werden. Wenn es schon vom Standpunkte der Bergpolizei erforderlich ist, daß alle unterirdischen Bergbaue derselben unterworfen sind, so bedürfen solche nicht minder des besonderen Schutzes des Berggesetzes in allen Beziehungen zu den Grundeigenthümern und insbesondere in den Fällen der Collisionen mehrerer gleichartiger, zusammenhängender Werke unter einander; dieselben Verhältnisse, welche früher zu Gunsten des Steinkohlenbergbaues die

Erlassung des Mandats vom 10. September 1822 nothwendig machten, schlagen auch bei den genannten, jetzt in der Hauptsache entstandenen Werken ein; es ist jedenfalls eine Rechtsungleichheit vorhanden, wenn z. B. in Collisionen wegen Aufnahme und Lösen der Wässer eines benachbarten Werkes zwischen dem die Last tragenden und dem anderen Werke, die Stein- und Braunkohlengrubenbesitzer sich der diesfalls durch das Berggesetz festgestellten speciellen Bestimmungen und des diesfalls geordneten Verfahrens im Verwaltungswege erfreuen sollen, während Besitzer unterirdisch betriebener Kalkwerke, wie die Fälle dem Verfasser schon vorgekommen sind, von dem Verwaltungswege vor den Bergbehörden ausgeschlossen und auf den gewöhnlichen Ordinarprocesweg verwiesen werden müssen, in welchem solche Streitigkeiten kaum mit Erfolg gerichtsanhängig zu machen sind, oder wenigstens mit großen Opfern an Zeit und daher bedeutendem Aufwande an Geld und in Folge dessen mit oft nicht wieder zu ersetzenden Vermögensverlusten verbunden sind.

Die Aufnahme des Kalkbergbaues in das Gesetz ist sogar nothwendige Folge des von dem Königlichen Ministerio der Justiz neuerdings anerkannten Präjudizes, daß auch die Kalkabbaurechte gleich den Kohlenabbaurechten als nutzbare Rechte Folien im Grund- und Hypothekenbuche erhalten können. Das Königliche Ministerium der Justiz hat in richtiger Erkenntniß der Erfordernisse der neueren Zeit in zwei dem Verfasser bekannt gewordenen Fällen, in denen er für die betreffenden Besitzer von unterirdisch betriebenen Kalkbergwerken die Gesuche gefertigt hatte, auf Grund der Demselben durch das Gesetz vom 6. November 1843 ertheilten Ermächtigung die Kalkabbaurechte unter fremdem Grund und Boden als nutzbringende Rechte, für die ein Folium angelegt werden könnte, anerkannt; ein eigenthümlicher Umstand hierbei war, daß das Königliche Ministerium noch zu Vermeidung der Anlegung zweier Folien, weil die Tagegebäude auf eigenthümlich erworbener Oberfläche errichtet waren, zugleich genehmigte, daß dieselben als Pertinenz auf Rubrik I. des Folium derjenigen Parzellen eingetragen würden, auf denen die Bergwerksanlagen errichtet waren; dadurch kann nun auch der Realcredit der Kalkbergwerke ein gesicherter werden, indem das von dem Grubenbesitzer erworbene — gewöhnlich auf eine größere Ausdehnung als den zum Bergwerke gehörigen, nur auf die Nothburft beschränkten, neu erworbenen Oberflächenbesitz sich erstreckende — Abbaurecht mit den Bergwerksanlagen ein Ganzes bildet, das einer hypothekarischen Verpfändung unterworfen werden kann.

Bei solcher Sachlage hofft der Verfasser, daß die Hohe Ständeversammlung noch beschließen werde, den Kalkbergbau noch dem Gesetz unterzuordnen und ihn namentlich aufzuführen. Der Kalkbergbau, der zur Zeit der Erlassung des Mandats vom 10. September 1822 noch keine größere Bedeutung, so wie er sie jetzt hat, erworben hatte, ist aus diesem Grunde damals nicht erwähnt worden; er hat aber in der Neuzeit, wo so viele Kalkbergwerke entstanden sind, eine Bedeutung gewonnen. Hieraus dürfte jedenfalls die Folgerung zu ziehen sein, daß es nicht rathsam erscheint, ein Gesetz über Objecte, deren Zahl und Arten durch gleichartige sich in der Zeit vermehren kann, so hermetisch abzuschließen, als dies der neue Berggesetzentwurf thut; und wenn das Gesetz auch jetzt andere Arten des Bergbaues noch nicht für geeignet zur Aufnahme in das Gesetz hielt, so mußte der Regierung die Möglichkeit offen gehalten werden, wie das Gesetz vom 6. November 1843 es mit den nutzbaren Rechten gemacht hat, die Gültigkeit des

Gesetzes, sei es durch die Praxis oder auf ausdrücklichem Verordnungswege, auch ferner auf andere, in dem Gesetze nicht besonders namentlich aufgeführte, gleichartige Objecte, wenn es die Zweckmäßigkeit und Nothwendigkeit erfordert, auszudehnen.

Indem der Verfasser nur unter diesen Umständen, die noch zu berücksichtigen sind, dem Berggesetze den Namen eines „Allgemeinen" zugestehen kann, gestattet er sich, nach Anleitung des ihm vorliegenden Entwurfs des Gesetzes, insbesondere von dem Standpunkte des Nichtregalbergbaues aus, über die in dem Gesetze berührten und aufgenommenen civilrechtlichen und processualischen Bestimmungen einige Wünsche und Bedenken auszusprechen.

Der Verfasser kann nicht die, von einzelnen Vertretern von Regal- und Steinkohlenbergwerken in Schneeberger, Zwickauer und Niederwürschnitzer Revier zu dem Entwurfe ausgesprochene, Ansicht theilen, daß der Nichtregalbergbau ganz von dem Gesetze ausgelassen und nur dem Gewerbsgesetze untergestellt werde. Abgesehen davon, daß in diesem Antrage auch die Aufhebung des Mandats vom 10. September 1822 innen begriffen liegen müßte, wenn ihm wörtlich entsprochen werden sollte, diese Schlußfolgerung aber den Antragstellern selbst fern gelegen haben muß, weil sie sonst nicht am Schlusse ihrer Bemerkungen ausdrücklich gebeten hätten, daß die Bestimmungen §§ 1 bis 6 des Mandats über das Concessionswesen in das Berggesetz aufgenommen werden möchten, so kann Verfasser vom Standpunkte der Gesetzgebung aus in dem Antrage der Ausschließung des Nichtregalbergbaues von dem Gesetze keinen Fortschritt des ersteren finden. Die Steinkohlenbergbautreibenden fürchten sich, in eine größere Abhängigkeit von der Bergbehörde zu gerathen, der Verfasser findet aber in solcher Furcht keinen genügenden Grund, die Ausschließung von dem Gesetze zu verlangen. Die Bergbautreibenden bitten die Hohe Regierung, das Directions- oder Inspectionsprincip zu verlassen, die Bergwerksindustrie von allen bevormundenden Einwirkungen der Behörde zu emancipiren, ihr Selbstverwaltung nach allen Seiten zu gewähren, diese consequent durchzuführen und gesetzlich zu sanctioniren. In dieser Beziehung ist ihnen wohl beizupflichten, daß auch in der Industrie wie im Gemeindeleben die Selbstverwaltung die lebendige Wurzel ist, aus der allein die starken Stämme mit reichen Früchten entsprießen, und es hat die Staatsregierung insbesondere durch das Gewerbegesetz gezeigt, daß sie der Jetztzeit im Gebiete der Industrie und der Gewerbe eine kräftige Entwickelung aus ihrem Innern heraus verschaffen, ihre Grenzen erweitern, sie nicht unnöthig einschränken will. Das Berggesetz berührt nun so viele für den Bergbau speciell wichtige Interessen, die dem Gewerbegesetze ganz fern liegen, deren Nichtberücksichtigung daher in den gegebenen Fällen, sofern etwa nur das Gewerbegesetz gelten sollte, sehr fühlbar empfunden werden würde. Von einem solchen für den Bergbau selbstmörderischen Antrage ist daher wohl ganz abzusehen.

Der Verfasser wird den einzelnen Abschnitten des Entwurfes, verglichen mit denen des Berggesetzes von 1851, folgen und sich natürlich aller Bemerkungen, die eine Wiederholung der sehr ausführlichen Motiven wären, enthalten. Im Allgemeinen konnte das neue Gesetz sich in vielen Punkten kürzer fassen und viele Theile des früheren Gesetzes weglassen, in denen es sich um Aufhebung veralteter und nicht mehr passender Einrichtungen und Bestimmungen handelte. Diese sind der Vergangenheit übergeben und es bedarf einer nochmaligen Erwähnung derselben nicht.

Der erste Abschnitt hat eine wichtige Umänderung erlitten, indem das Gesetz von 1851, wie schon erwähnt ist, seine Ausschließlichkeit als sogenanntes Regalbergbaugesetz aufgegeben und den Bergbau auf Stein= und Braunkohlen aufgenommen hat.

In § 1 sind die Mineralien nach dem Ursprunge der Berechtigung zum Abbaue eingetheilt und werden kurz als die, welche zum Regalbergbau, und als solche, die zum Nichtregalbergbau gehören, bezeichnet. Nach des Verfassers Ansicht giebt diese Eintheilung keine klare Uebersicht und bezeichnet nicht genau den rechtlichen Character der Mineralien; sie theilen sich nämlich, um eine systematische Grundlage zu gewähren, in solche,

a) deren Abbau Jedermann freigegeben ist und zu dem es nur der Erwerbung der bergpolizeilichen Erlaubniß auf dem Wege des Schürfens und Verleihens bedarf; ferner in solche,

b) die Bestandtheile des Grundstücks sind, in und unter dem sie liegen, und

c) in die dem Staate vorbehaltenen Salinen, deren Aufsuchung und Benutzung das Bergregal bilden.

Der Verfasser muß der schon viel behaupteten Ansicht beitreten, daß das durchaus nicht klare Wort: „Bergregalbergbau" nicht gleichbedeutend mit dem Bergbau auf metallische Mineralien gebraucht werden könne. Eine rationelle Eintheilung des Bergbaues scheint nur die obige zu sein, in den Bergbau auf metallische Mineralien, der frei gegeben, d. h. dem freien Verkehr durch Gesetz und Herkommen vorbehalten worden ist, in den auf nichtmetallische Mineralien, der dem Grundbesitzer gehört und zu dem nur von diesem das Recht erworben werden kann, und in den auf Salz, der allein Bergregal im Sinne eines nutzbaren niederen Hoheitsrechtes (wie das Münz= und Postregal) ist, b. h. dessen Aufsuchung und Ausnutzung nur dem Staate als Monopol gehört.

Es dürfte kein Grund vorhanden sein, der die neue Berggesetzgebung nöthigte, weil bisher in Sachsen der Name Regalbergbau nur für Bergbau auf metallische Mineralien gebraucht worden ist, letzteren umgekehrt zum Regale zu erheben, das er nicht ist. Der Ursprung der Benennung liegt allerdings in den früheren Lehnverhältnissen, in denen die kleinen Herrn zu den Fürsten und diese zu dem Kaiser von Deutschland abhängig standen.

Die erste bekannte gesetzgeberische Handlung bezüglich des Rechts auf den Bergbau war die Erklärung Kaiser Friedrich I. auf dem großen Reichstage auf den roncalischen Feldern 1158, durch welche er die Erzlager zum kaiserlichen Lehen machte. Diese Bestimmung ward durch die goldne Bulle Karl IV. wieder beschränkt, indem durch diese die Churfürsten, insbesondere der König von Böhmen, mit dem Rechte auf Gold= und Silberbergbau in ihrem Lande belehnt wurden. Das ausschließliche Recht, allein den Bergbau zu treiben, mit Ausschließung aller Privaten, ist von keinem Fürsten ausgeübt worden; sie haben bereitwillig Jedem, der Erz fand oder welches suchen wollte, Erlaubniß zum Schürfen gegeben und das ihnen verliehene Bergbaurecht über gefundene Metalle wieder weiter verliehen.

Durch besondere Specialverleihungen der Fürsten erhielten auch Privatpersonen, Corporationen, Gemeinden auf ihren Territorien das Bergbaurecht auf metallische Mineralien in Lehn. Die Beleihung war in den früheren Jahrhunderten die übliche Form, wodurch Fürsten vom Kaiser sich Rechte, die nutzbar waren, übertragen ließen oder geschenkt erhielten. Diese Beleihung war aber keine specifische Rechtsform für das beliehene Recht. Die Wahrheit dieser Behauptung ergiebt sich bei Durchsicht der in

Freiesleben: Darstellung der Grundlagen der sächsischen Bergwerksverfassung S. 11. 12.

abgedruckten Stellen alter Urkunden, in denen die Metall= und Silbererzbaue erwähnt, aber mitten unter allen möglichen Rechtsobjecten, wie Flüsse, Seen, Salz, öffentliche Wege, Zölle ꝛc. genannt werden. Diese ganzen Objecte waren aber nur als Einnahmequellen des Fürsten aufgeführt, sie konnten, wie sich von selbst versteht, nicht alle Regalien sein, vielmehr war das Verhältniß der Fürsten zu den einzelnen Objecten ein ganz verschiedenes.

Wenn im Anfange die finanzielle Seite hauptsächlich derartige Occupationen des Erzbergbaues von Seiten der Fürsten und Kaiser hervorrief, so gewann nach und nach bei größerer Läuterung staatsrechtlicher und volkswirthschaftlicher Begriffe die Ansicht Platz, welche auch jetzt dem sogenannten Bergregal zum Grunde liegt, daß die Metallschätze unter der Erde ein Gut seien, mit dem pfleglich umgegangen werden müsse, es seien Früchte, die nicht von Jahr zu Jahr oder Zeit zu Zeit nachwachsen, wenn sie gewonnen und verbraucht worden seien, nicht blos die Gegenwart dürfe diese Schätze für sich auszubeuten suchen, sondern es müßte deren Gewinnung auch späteren Geschlechtern vorbehalten werden.

Aus diesem Grunde sind durch das Gesetz vom 22. Mai 1851 § 6 die sogenannten Bergregalitätsrechte, die sich in Privatbesitz befinden, aufgehoben und dem Staate überwiesen worden.

Für Sachsen wird gewöhnlich als specielle Rechtsquelle die bekannte Bestimmung des Sachsenspiegel I. 35. § 1 angeführt, die aber nicht in dem Sinne gedeutet werden darf, wie die Const. 53. P. II. sie auffaßt, sondern deren richtige Erklärung

Professor D. J. Weiske in der Schrift: Der Bergbau und das Bergregal giebt, welcher leugnet, daß der Satz:

Al schacz under der erden begraben, tiefer denn ein pflug ge, der gehoret zur kunglichen gewalt

überhaupt auf den Metallbergbau sich beziehe, und behauptet, auf diesen beziehe sich allein § 2; der § 1 spreche in ganz wörtlichem Sinne von dem „Schatze" (thesaurus), allein der § 2 sei auf den Erzbergbau zu beziehen, der lautet:

Silber muß auch nicht ein man brechen auf eines andern mannes gut one des willen des die stat ist, giebt erz aber urlaub, die vogetie ist sin darüber,

und es erklärt Weiske diesen Satz dahin:

daß bis zur Zeit des Sachsenspiegels alle unterirdischen Fossilien Eigenthum des Grundbesitzers waren; der Sachsenspiegel deutet ein Lehnsverhältniß insofern an, wonach Jeder auf eines Andern Gute das Silber „brechen" kann, daß aber die Erlaubniß zum „Brechen" der nur geben kann, bes die stat war, d. h. der Lehnsherr, diesem stand auch die vogetie, Vogtei, d. h. alle landesherrlichen Rechte zu.

Diese Ansicht des ꝛc. Weiske stimmt in der Hauptsache mit der von Friesesleben in der oben erwähnten Schrift überein, ist aber noch consequenter in der vollständigen Leugnung der Regalität des Erzbergbaues.

Das Recht war dem Grundeigenthümer durch die oben erwähnten Verleihungen und Occupationen von Seiten der Kaiser und Fürsten, als diese sich zu Landesherrn zu erheben suchten, thatsächlich entzogen worden; es kam jedoch nicht dahin, daß die Fürsten den Bergbau monopolisirten und für sich auszubeuten suchten; sie hinderten aber, daß nicht Jeder willkührlich ihn treiben konnte; sie gestatteten Privaten den Bergbau nur, wenn sie die Erlaubniß sich verleihen ließen, so daß für jeden Dritten sich bald aus den Vergünstigungen ein Recht bildete, den Bergbau treiben zu dürfen, weil die Landesherrn die gesuchte Verleihung nicht verweigerten.

Die Thatsache der ausdrücklichen **Freierklärung** des Bergbaues, die nach der Meinung einiger Rechtslehrer im 16. Jahrhundert erfolgt sein soll, leugnet Weiske (in Anschluß an die Ansicht von Freiesleben), weil sie durch keinen Erlaß einzelner Fürsten nachgewiesen werden kann. In Sachsen beruhen nach dem Zeugnisse von Freiesleben (S. 41) alle Bergordnungen bereits auf dem Grundsatze der Freiheit des gemeinen Bergwerks, und enthält § 4 des Entwurfs nur eine Anerkennung dieses Zustandes.

Das österreichische Berggesetz vom 23. Mai 1854 nennt die zum sogenannten Bergregal gehörenden Mineralien die „vorbehaltenen" und wird dieser Ausdruck in verschiedenen Verleihungsurkunden, deren Weiske a. a. O. auch erwähnt, in denen das Recht auf diese Mineralien dem beliehenen Fürsten an den Gütern der Unterthanen vorbehalten wurden, jedoch mit dem Beisatze gefunden, daß das Schürfen auf Metallgänge dabei ebenso wie das Recht des Findens bestand.

Weiske führte aber sehr richtig aus, daß die Fürsten nie ein Eigenthum an den Fossilien selbst beanspruchten, sondern das Recht auf den Abbau derselben festhielten, was sie auf Jedermann übertrugen; der Bergbau ist daher nicht frei **erklärt**, sondern thatsächlich frei geworden. Der Ausdruck, daß ein aufgegebenes Bergabbaurecht in landesherrliche Bergfreie wieder fällt, bezeichnet deutlich den Character des Mineralbergbaues, daß er eben frei ist und der Landesherr wieder über verfallenen Bergbau freie Verfügung hat. Der Ausdruck entspricht ganz dem lehnrechtlichen Wesen. Einige Rechtslehrer haben im Gegensatze zu der Behauptung eines (von ihnen nicht anerkannten) Eigenthums der Landesherrn an den Mineralien dieselben für res nullius erklärt; allein letztere sind keine herrenlose Gegenstände, indem nicht die bloße Occupation zur Erwerbung hinreicht; sie waren im Mittelalter der landesherrlichen Macht „vorbehalten" worden; es konnte sie Jeder suchen, aber er konnte sie nicht occupiren, ehe er nicht die Verleihung erhielt. Die Bezeichnung „vorbehaltene Mineralien" des österreichischen Gesetzbuches ist Grundlage dieser landesherrlichen Rechte gewesen; die Ansichten der neueren Zeit haben aber das sogenannte Bergregal in eine andere Stellung gedrängt, so daß es nicht mehr als Regal angesehen werden kann, weil der Ausdruck „Bergregal," wenn er auch historisch angenommen ist, doch nach rechtswissenschaftlicher Definition des Wortes „Regal" nicht auf das hoheitliche Recht paßt.

Das sogenannte Bergregal beschränkt sich jetzt, wie allgemein alle Rechtslehrer zugeben (Freiesleben a. a. O. S. 44), auf weiter nichts, als das Verleihungsrecht, Erhebung der Bergwerksabgaben, Rechte der Leitung und Beaufsichtigung, Vorkaufsrecht an den Metallen, auf die Organisation von Berggerichten und Bergbehörden, Erlassung von Gesetzen ꝛc. Sieht man diese aus dem Regal hergeleiteten Befugnisse näher an, so muß man sagen, daß dieselben ganz allgemeine Staatsbefugnisse, die außer auf der Justiz- und Finanzhoheit auf dem Staatsoberaufsichtsrechte über allgemeinnützige Anstalten beruhen, und zu deren Ausübung es nicht der Beziehung auf ein Regal bedarf; es werden also Befugnisse ein Regal genannt und sind es nicht.

In der Schrift des Oberbergrath a. D. Otto: „Studien auf dem Gebiete des Bergrechts" wird die Frage über das Bergregal und das Bergstaatsrecht, sowie über das Bergbaurecht in den Abhandlungen I. II. sehr ausführlich behandelt und es kommt die Schrift zu demselben Schluß hinsichtlich des Bergregals, daß ein solcher Begriff rechtswissenschaftlich sich nicht begründen und selbst als historischer jetzt nicht mehr beibehalten lasse. Die Schrift erkennt für richtig an, daß, wenn das Bergregal existiren sollte, es nur als ein nutzbares außerwesentliches Hoheitsrecht in der Rechtswissenschaft seinen Platz finden könnte. Da aber jedes nutzbare Hoheitsrecht für den Staat die Befugniß, die er sich durch positive Satzungen selbst ertheilt oder sonst erworben hat, enthält, die aus dem Rechte entspringenden nutzbringenden Handlungen ausschließlich vorzunehmen, so müßte der Staat in Folge des Bergregals zur Betreibung des Bergbaues allein berechtigt sein. Diese Berechtigung existirt eben nicht, und wird nicht in Anspruch genommen.

Der thatsächliche Zustand der Jetztzeit ist daher dem Begriffe eines Hoheitsrechts gar nicht entsprechend.

Den von ꝛc. Otto aus diesen Sätzen gezogenen Consequenzen kann jedoch der Verfasser nur soweit beitreten, daß er das rechtswissenschaftliche Bestehen eines Bergregals läugnet, er stimmt aber nicht mit ꝛc. Otto überein, daß das Wort: „Regal," weil es Allen verständlich sei, beibehalten werden möge. Der Begriff Bergregal ist ja auch ein verschiedener in einzelnen Gesetzgebungen, je nach den Mineralien und Fossilien, die er in sich fassen soll; die Grenzen desselben sind keineswegs durch Deutschland gleich, wie dies die Steinkohlen beweisen, die theils zum Regale, theils nicht gehören.

Die Rechtswissenschaft kann nicht dulden, daß eine bisher geführte Rechtsbezeichnung, deren Gebrauch zwar bisher historisch nachgewiesen ist, noch fortbestehe, wenn dessen Bestandtheile und Erfordernisse nicht mehr vorhanden sind. Nach den thatsächlichen Verhältnissen ist jetzt zu folgender Ansicht nur zu gelangen. Durch die historischen Vorgänge ist zur Zeit allerdings nachgewiesen, daß das ursprünglich zum Grundeigenthum gehörige volle Bergbaurecht an den unter der Oberfläche liegenden Mineralien, soweit es die metallischen umfaßt, nicht mehr zum Grundeigenthum gehört, demselben entzogen ist, aber das betreffende Bergbaurecht ist nicht in das ausschließliche Eigenthum des Staates übergegangen, wie von einigen Rechtslehrern behauptet wird. Es liegen zwei Thatsachen vor, die negative: daß ein Bergregal nicht mehr existirt, und die positive: daß das Abbaurecht auf gewisse Mineralien und Fossilien dem Grundeigenthümer entzogen ist, und es entsteht die Frage: wem gehört das Recht zum Abbau metallischer Mineralien? Die Frage beantwortet sich dahin, daß das Recht Jedermann zusteht, der den Erfordernissen der Gesetzgebung entspricht, und dem das Recht von der Bergbehörde ertheilt wird. Der Bergbau ist aber deshalb nicht!, wie ꝛc. Otto S. 13 sagt, in Sachsen ein freies Gewerbe, denn der Bergbau ist an besondere Formen, die vorgängige Verleihung und auf ein bestimmtes abgegrenztes Feld beschränkt, welche dem Begriffe eines freien Gewerbes nicht entsprechen. Die metallischen Mineralien sind eben so wenig, wie ꝛc. Otto auch S. 36 behauptet, herrenlose Sachen, res nullius, obgleich dieser Ansicht auch andere Rechtslehrer beistimmen; denn eine res nullius kann nur eine bewegliche Sache sein, an der das Eigenthum durch Besitzergreifung erworben wird. Wie ist die Ergreifung an einer unter der Erde liegenden, von dem Gesteine noch nicht gelösten Erzlagerstätte möglich? Die Definition § 228 des allgemeinen bürgerlichen Gesetzbuchs paßt keineswegs auf die Erzlagerstätten. Die metallischen Mineralien gehören vielmehr zu den res omnium communes, zu denen insbesondere auch Flüsse gerechnet werden.

Nach den jetzigen staatsrechtlichen Begriffen ist metallischer Mineralbergbau demnach Nationaleigenthum, wie es die öffentlichen Wässer sind; es ist eine willkührliche, wissenschaftlich nicht zu rechtfertigende Unterscheidung, die einige Rechtslehrer zwischen Regalien im eigentlichen und uneigentlichen Sinne machen, indem sie zu letzterem das Bergregal rechnen, weil dasselbe frei erklärt worden ist. Wir kennen als nutzbare Regale nur das Post- und Münzregal. Wenn der Bergbau Regal genannt werden soll, müßten z. B. die öffentlichen Wässer, bei denen dieselbe Form der Verleihung gebräuchlich ist, auch dazu gerechnet werden; denn ohngeachtet deren Benutzung, z. B. zu Anlegung von Mühlen, überhaupt als Wasserkraft zu Privatzwecken Jedem frei steht, ist zu Erwerbung einer Wasserkraft |doch besondere Genehmigung resp. Concession der oberen Verwaltungsbehörde, für Bergwerke die Verleihung nothwendig. Aus diesem Grunde sind die öffentlichen Wässer noch nicht zum Regal gemacht, wenn auch der Staat sich Oberaufsicht vorbehalten und aus dem Verleihen der Wasserkraft eine Finanzquelle gemacht hat. Die Verleihungen von Wasserkräften kommen auch bei dem Bergbau vor; nach der durch das Bergrecht eingeführten Terminologie heißt das Ansuchen um Ertheilung einer Wasserkraft zwar eine Muthung; die Verleihung ist aber bei und außer dem Bergbaue ganz dieselbe Form, hat dieselbe Wirkung.

Die Verleihung eines Bergbaurechtes hat daher ebenso wenig besondere Merkmale an sich, daß das Recht dazu auf ein Regalitätsrecht zurückgeführt werden müßte.

Die Motiven des Entwurfs zu § 1 (a. E.) sagen:

>Es ist neuerdings gewöhnlich geworden, den Ausdruck „Bergregal" anzufechten, weil der damit verbundene Begriff leicht zu einem über das wirkliche Maß des Nothwendigen hinausgehenden, mehr oder weniger willkührlichen Eingriffe des Staates in die betreffende Gewerbthätigkeit der Privaten führen könne.

Der Verfasser hat in den ihm bekannt gewordenen Schriften der angesehensten Bergrechtslehrer diesen Grund nicht gefunden; der Ausdruck „Bergregal" ist nicht aus Befürchtungen, sondern aus rechtswissenschaftlichen Gründen Gegenstand der Kritik gewesen, und es möchte schwer sein, bei den jetzt geläuterten Rechtsansichten die Nothwendigkeit und Zweckmäßigkeit behaupten zu wollen, für ein neues Gesetz einen obsolet gewordenen Ausdruck um deswillen beibehalten zu wollen, weil derselbe bisher gebräuchlich gewesen und daher verständlich sei. Dieser

Grund erklärt wohl die Beibehaltung gewisser Ausdrücke im gewöhnlichen Verkehr des Lebens neben den wissenschaftlichen, kann aber nicht als Nothwendigkeit für das Gesetz gelten, das Ausdrücke nicht anerkennen kann, die in rechtswissenschaftlicher Hinsicht der Bedeutung widersprechen.

Die klaren Ausführungen eines 2c. Weiske, Freiesleben u. s. w. kann der Verfasser durch diese kurze Auslassung in den Motiven nicht für widerlegt ansehen und findet z. B. den Ausdruck „verliehener" oder „freier Bergbau" gegenüber dem von den Motiven gebrauchten Ausdruck: „Grundbesitzbergbau" unzweifelhaft eben so kurz als verständlich. Eine derartige Unterscheidung ist für ein Sächsisches Gesetz um so nothwendiger, als eben der Ausdruck: „Regalbergbau" nicht eine bestimmte Kategorie Mineralien in allen Theilen Deutschlands, in Frankreich, Belgien umfaßt, sondern der Umfang in allen Berggesetzen außerhalb Sachsen ein verschiedener ist; der Ausdruck: „Grundbesitzbergbau" kann nicht als Gegensatz zum Regalbergbau angesehen werden, sondern nur ein Ausdruck, der die „Freiheit" des mineralischen Bergbaues für Jedermann — deren Bestehen das Gesetz § 4 anerkennt — sofort bezeichnet, ist logisch richtig. Der Verfasser kann daher den Ausdruck „Regal" weniger als „verständlich," vielmehr als nicht entsprechend anerkennen.

Der Salzbergbau allein ist ein dem Staate vorbehaltener Bergbau, als ein nutzbares Regal anzusehen, da der Staat einen monopolisirten Nutzen daraus zieht. Dieser Vorbehalt des Salzbergbaues kann aber nicht Veranlassung sein, von dem Bestehen eines Regalbergbaues zu sprechen, da es Salzbergwerke in Sachsen nicht giebt und auch für die Zukunft durch geognostische Gründe die Ueberzeugung feststeht, daß in dem Bereiche des jetzigen Sachsens Salzlager nicht vorhanden sind, daher auch nicht einmal später das Entstehen eines Salzbergbaues zu erwarten ist.

Der Verfasser kann sich nach Obigem mit der Fassung des § 1 nicht einverstanden erklären, und würde solcher ohngefähr in folgender Art zu ändern sein:

§ 1.

Der Abbau und die Gewinnung von Mineralien und Fossilien ist verschieden, je nach deren Rechtsbegründung und deren Ausführung:

1) diejenigen Mineralien, die durch ihren Metallgehalt nutzbar sind (metallische Mineralien), gehören, mit Ausnahme des Salzes, dem allgemeinen Verkehr, es ist aber deren Abbau von der vorgängigen Verleihung des Rechts durch den Staat abhängig (verliehener Bergbau);

2) die nicht zu den metallischen Mineralien zu rechnenden Mineralien und Fossilien gelten als Zubehör des Grundeigenthums und als Bestandtheile des Grundstücks, in und unter dem sie liegen (Grundbesitzbergbau).

§ 2.

Nach Maßgabe des oben Gesagten würde nach den Worten: „Stein- und Braunkohlen" einzuschieben sein:

Kalk und überhaupt alle Fossilien und Mineralien, die auf bergmännische Art gewonnen und abgebaut werden. Die Bestimmung darüber, welche Bergbaue demzufolge unter das Berggesetz gestellt werden sollen, ist dem Ministerio vorbehalten, welches die oberste Instanz in Bergsachen bildet.

Der zweite Absatz würde heißen:

Auf den verliehenen Bergbau allein beziehen sich außer den Paragraphen, in welchen dies besonders erwähnt ist, die Abschnitte III., VI. excl. §. 118, und IX.

Dazu würde noch folgender Zusatz vorzuschlagen sein:

Für Abbau von Fossilien und Mineralien, die nicht unterirdisch erfolgen, bleibt es dem Ministerium vorbehalten, wenn nicht auf dem Verwaltungswege Bestimmungen durch Regulative, die für gewisse Districte gegeben werden, zu treffen zweckmäßiger sein sollte, derartige Kategorien von Abbauen, abgesehen von den übrigen Bestimmungen des Gesetzes, unter die Bergpolizei zu stellen.

§ 3.

Dem Staatsfiscus und dessen Cessionar bezüglich des Salzbergbaues gegenüber sollen die Abschnitt VII. und VIII., Cap. I. erwähnten Vorschriften des Gesetzes Anwendung leiden. Um den Salzbergbau von dem freien Bergbau auf metallische Mineralien zu unterscheiden, würde sich hier die Einschaltung in dem ersten Satze empfehlen: „dem Staatsfiscus als Monopol vorbehalten."

§ 4.

Dieser Paragraph ist ganz in Wegfall zu bringen, ein freigegebenes Bergregal ist keins mehr und ist diese Aushülfsbestimmung durch die oben vorgeschlagene Fassung des § 1 erledigt.

§ 5.

Bestimmungen, die sich auf Stein= und Braunkohlen beziehen, sind, wenn die Ausdehnung des Gesetzes auch auf andere Mineralien beschlossen werden sollte, auf diese auch geltend.

Die Größe eines Grubenfeldes ist jedenfalls näher zu bestimmen, um nur irgend einen Anhalt für Ertheilung eines Abbauscheines zu gewähren; das österreichische Gesetzbuch hat hierüber Bestimmungen getroffen. Das Berggesetz scheint nicht die Maße, welche für Herstellung eines Grubenfeldes für den metallischen Mineralbergbau erwähnt sind, für den Kohlen= und anderen Mineralbergbau aufstellen zu wollen und dürfte dieser Ansicht beizustimmen sein. Während diese Grubenmaße durch gerade Linien, die ohne Rücksicht der natürlichen Begrenzung der Flurstücken auf der Oberfläche im rechten Winkel einander treffen, gebildet werden, ist für die Kohlenfelder und die Grubenfelder anderer dergleichen Mineralien die bildliche Form der Grenzlinien auf der Oberfläche ganz willkührlich, und es wird dem Privatübereinkommen angrenzender Bergwerksbesitzer zu überlassen sein, zu Begrenzung ihrer Abbaufelder an die Stelle der durch die natürliche Begrenzung gebildeten unregelmäßigen, gerade Linien aufzustellen. Die Art der Erwerbung der Abbaurechte, deren Umfang nach den natürlichen Grenzen der einzelnen Parcellen des Grundbesitzers sich richtet, macht eine gezwungene Abgrenzung mit mathematischen geraden Linien wenigstens in der Regel und als Zwang unmöglich.

Diese Grenzfeststellungen, die Erörterungen, ob ein Grubenfeld abbauwürdig gelegen und beziehentlich vorgerichtet ist, so daß ein Abbauschein gegeben werden kann, werden vielfach die Bergbehörden in Anspruch nehmen.

Abschnitt II.
Von der Betheiligung am Bergbaue.

Dieser Abschnitt hat wesentliche Veränderungen im Vergleich zu dem Abschnitt II. und Abschnitt V. Cap. IV. des Gesetzes vom 22. Mai 1851 erlitten; das Wesen der Gewerkschaft, die für den Metallbergbau als demselben eigenthümlich bisher aufrecht erhalten worden war, ist so modificirt, daß diese Form der Gewerkschaft besondere Vortheile — gegenüber den Gesellschaften und Aktiengesellschaften, zwischen deren beiden sie das Mittelglied sein sollte — nicht mehr den Gewerken bietet.

Vergleicht man die früheren Bestimmungen, so galten als Merkmale der Gewerkschaften:

a) das Vorhandensein von neun und mehr Besitzern eines Berggebäudes,

b) diese bekamen — ohne weitere Prüfung der Lebensfähigkeit ihrer organischen Einrichtungen — schon durch ihre Existenz das Recht einer juristischen Person,

c) das Ganze war durch 128 Kuxe präsentirt, die sich nur in $^{100}/_{100}$ theilen ließen,

d) die Betriebsmittel wurden durch vierteljährig zu erhebende Zubußen aufgebracht, die Kuxe lauten deshalb auf den Namen,

e) die Kuxe und deren Inhaber wurden in das sogenannte Gegenbuch verzeichnet, das bei dem Bergamte geführt wurde, und worin alle Veränderungen nachgetragen werden mußten,

f) für die innere Verfassung der Gewerkschaften waren in Abschnitt V. Cap. IV. und durch das dem Gesetze beigefügte Regulativ sub C. die speciellsten Bestimmungen gegeben.

Der neue Entwurf hat die Bestimmungen a, b, c, e und f aufgehoben und weggelassen; die Gewerkschaft ist nicht mehr von der Zahl der Theilnehmer abhängig, aber es wird einer Gesellschaft, überhaupt jeder Mehrzahl von Besitzern eines Berggebäudes, wenn sie sich zu einer Gewerkschaft constituiren will, die juristische Persönlichkeit erst nach vorgängiger Prüfung — wie in den Motiven zu § 14 erläutert ist — ertheilt, die einzureichenden und zu prüfenden Statuten sollen an die Stelle der bisherigen gesetzlich vorgeschriebenen Normen treten.

Der Name und das Wesen des Kuxes ist ebenso wie seine Theilbarkeit in $^{100}/_{100}$ beibehalten; die Zahl 128, die für die Kuxe einer Gewerkschaft vorgeschrieben war, ist ebenso, als die Führung des Gegenbuchs bei den Bergämtern, weggefallen, die Zahl unterliegt der Prüfung der Statuten und das Verzeichniß führen die Gewerkschaften selbst; aber eben dieses Verzeichnisses wegen müssen auch ferner die Kuxe noch auf den Namen lauten, da die Gesellschaftsgelder in der Form von Zubußen aufgebracht und vierteljährlich bei den Mitgliedern eingesammelt werden müssen.

In der Hauptsache dürfte sich der neue Gesetzentwurf mit den Ausstellungen conformiren, die ꝛc. Otto in den angeführten: Studien ꝛc. gegen das Wesen der Gewerkschaft und gegen die Existenz des derselben eigenthümlichen Kuxes erhoben hat. Das Berggesetz aber hat die letzten Consequenzen, die die Schrift gezogen hat, nicht erfüllt.

Diese Ausstellungen bezwecken die vollständige Aufhebung der Gewerkschaft, soweit sie auf den Kuxen und der Aufbringung der Geldmittel durch Zubußen beruht; sie stellen die feste Normirung der geringen Zahl Kuxe und deren Theilbarkeit in kleinere Theile als ein großes Hinderniß der Aufbringung bedeutender Capitalien hin, finden es bedenklich, daß die Verleihung einer juristischen Persönlichkeit nur von dem zufälligen Vorhandensein einer Anzahl von mehr als 8 Mitgliedern und nicht von einer Prüfung der innern Lage einer Bergbaugesellschaft abhängig gemacht wird, eifern aber auch hauptsächlich gegen das unzweckmäßige, wegen der großen Kosten für die Gewerkschaft theuere, und dabei des Bergbaues unwürdige, bettelartige Vertreiben von Kuxantheilen und Aufbringen der Zubuße, und empfehlen für eine größere Corporation lediglich die Bildung von Actiengesellschaften, die in neuester Zeit die Träger der größten industriellen Unternehmungen seien und Credit besäßen.

Das Berggesetz für das Großherzogthum Weimar vom 22. Juni 1857, das prinzipiell dem sächsischen Gesetze vom 22. Mai 1851 angepaßt worden ist, hat die Gewerkschaften mit Kuxeneintheilung vollständig aufgegeben, und nur die Eintheilung in Einzelgesellschaft, sowie in corporative Vereine aufgenommen; diese Abweichung von dem sächsischen Gesetze hat sich nach dem Zeugniß von Schomburg, Betrachtungen über die neuere Gesetzgebung, 1857, hauptsächlich auf die Ausführungen von ꝛc. Otto a. a. O. gegründet.

Erwägt man, was das neue sächsische Gesetz von der Gewerkschaft behalten und derselben als besondere Eigenheit den Gesellschaften resp. Actiengesellschaften gegenüber gelassen hat, so findet man, daß der Gewerkschaft nur
    ihr Name,
    der Name Kux für den Gesellschaftsantheil und
    die Art der Aufbringung der Geldmittel in Form unbestimmter Zu=
    bußen
geblieben ist, und man muß gestehen, daß diese unterscheidenden Merkmale den Gewerkschaften nicht zum Vortheile gereichen. Der Umstand, daß die Kuxe auf den Namen lauten, ist die nothwendige Folge der Bestimmung, daß die Zubußen vierteljährig ausgeschrieben und von den Kuxinhabern durch besondere Boten abgeholt werden. Die Papiere au porteur sind aber viel beliebter, weil sie als Creditpapier mehr für den Verkehr geeignet sind, die Ausstellung von Kuxen ist also vom allgemeinen speculativen Standpunkte aus nicht vortheilhaft. Noch weniger vortheilhaft ist das Aufbringen der Geldmittel durch Zubußen, wie dies ꝛc. Otto sehr ausführlich nachgewiesen hat. Die Kuxe verhindern, wie er sagt, durch ihre geringe Anzahl den Zusammenfluß eines großen Grundcapitals, und so darf es nicht Wunder nehmen, wenn die Gewerkschaft als eine von Geburt an verkrüppelte juristische Rechtsperson ihr Dasein in traurigem Siechthum hinfristet. Da ist, weil die Geldkraft fehlt, weder von kräftigem Betriebe, noch von kräftiger Vertretung die Rede. „Nach meiner Ueberzeugung (sagt ꝛc. Otto) dürfte es also hohe Zeit sein, die Bergbaugewerkschaften erst dann als solche anzuerken-

nen, wenn ihre concreten Vermögensverhältnisse geprüft und Garantie einer lebensfähigen und zweckentsprechenden Existenz geboten ist. Dabei wird man freilich die Beschränkung der Betheiligungseinheit auf eine historische Zahl fallen lassen und zur Aufbringung eines den Erfolg sichernden großen Grundcapitals die Ausgabe einer entsprechenden Anzahl Actien freigeben müssen."

Diesen Gründen und der Schlußfolgerung muß man zweifelsohne beistimmen, allein die neuen Bestimmungen des Entwurfs heben die geschilderten Nachtheile keineswegs auf. Die Gewerkschaft, wie sie nach dem Gesetze noch bestehen soll, entbehrt des historischen Grundes, da der Kux seine historische Eigenthümlichkeit verliert, wenn er nicht mehr an die Zahl 128 (die aus der früher gebräuchlichen Eintheilung der Kuxe in vier Stämme, und deren Unterabtheilungen in je 32 Theile entsprungen war) gebunden ist. Hierzu kommt, daß, wenn die Zahl der Kuxe freigegeben ist, es der Nothwendigkeit der Unterabtheilungen der Kuxe in $^{100}/_{100}$ gar nicht mehr bedürfen wird. Wenn ohnehin durch den Wegfall der Zahl 128 der Kux ein leerer unbestimmter Begriff wird, so kann dem Gesetze es ganz gleichgültig sein, in wie viel Theile ein Kux getheilt wird. Es wird einer solchen Bestimmung um so weniger bedürfen, als die Unterabtheilung eines Kuxes in 100 Theile gar nicht nöthig ist, wenn die Corporation so viel Kuxe machen kann als sie will. Die Unterabtheilung des Kuxes war sogar zu Vermeidung der Nachtheile des „Hockentragens," was die Motiven erwähnen, gar nicht zu gestatten.

Die Unzeitmäßigkeit des Kuxes geht ferner nicht minder aus seiner Unfähigkeit, seinen Werth messen zu können, hervor. Der Kux war schon bisher bei der Zwangszahl 128 ein nicht zu bestimmendes Werthsobject; er zeigte weder an, wie viel auf ihn bereits eingezahlt, noch ferner einzuzahlen war. Er repräsentirt kein bestimmtes Capital. Man hatte bisher die Gewohnheit, die Dividende, die jährlich von einem Bergwerke vertheilt worden, so lange unter dem Namen: „zurückerstatteter Verlag" zu vertheilen, bis alle auf die Kuxe geleisteten Zubußen durch diese Dividende zurückgezahlt waren; von der Zeit an, wo dies der Fall war, erhielt die Dividende den Namen: „Ausbeute." Aus diesem letzteren Ausdrucke konnte man allein ersehen, welchen Capitalwerth nach Zurückerstattung der Zubußen der Kux nach Maßgabe seiner Dividende etwa haben könnte. So lange aber noch „Verlag" zurückerstattet wurde, war der Werth des Kuxes aus seiner eigenen Natur heraus nicht zu bemessen.

Diese Natur des Kuxes hatte auch Einfluß auf die rechtliche Beurtheilung der Nutzungen, die ein Gewerke aus dem Bergwerk bezog. Weil nämlich überhaupt der Capitalwerth des Bergwerks durch die Verwerthung und Vertheilung dessen sämmtlicher Producte nach und nach zu sein aufhört, also eine Sache ist, die sich durch ihre Nutzungen aufzehrt, hatte das bisherige sächsische Recht die Einkünfte aus einem Bergwerke (der partes metallicae) nicht für Nutzungen, sondern für Theile der Capitalsubstanz erklärt. Diese letztere Bestimmung ist aber durch den Entwurf § 52 aufgehoben, in welchem die Nutzungen des Bergwerks fernerhin als Früchte im Sinne des bürgerlichen Gesetzbuchs (§ 73) angesehen werden sollen.

Diese Bestimmung ist vollständig unvereinbar mit dem Begriffe des Kuxes, der alles Capitalwerthes ermangelt, und man muß daher zu der Alternative gelangen, daß entweder die Beibehaltung der Kuxe und deren Substanzqualität oder die Anwendung des § 73 des bürgerlichen Gesetzbuches auf dieselben wegfallen muß.

Die Möglichkeit, welche den Gewerkschaften erhalten werden soll, daß sie die Baukosten nach und nach, und ohne im Voraus die Höhe des von jedem einzelnen Gewerken einzuschießenden Capitals zu bestimmen und zu fixiren, ratenweise nach Bedarf aufbringen können, ist auch ohne Beibehaltung der Gewerken und des Namens der Kuxe (anstatt Bergantheile) zu erreichen. Um dieser einzigen Modalität, der Aufbringung der Capitalien willen bedarf es nicht des Namens: „Kux," da dessen Eigenthümlichkeit bereits aufgehoben ist, noch der Errichtung von Corporationen mit dem ausnahmsweisen Namen der „Gewerkschaft." Die Nothwendigkeit, daß jede Gesellschaft bei ihrer Bildung, besonders wenn sie Antheilscheine hinausgiebt, die Größe ihres Gesellschaftscapitals und somit die Summe der von den Theilnehmern aufzubringenden Beitrittsquote aufstellt und feststellt, sollte vielmehr in dem Gesetze auch für Bergwerksgesellschaften, die eine Corporation nach Art der Gewerkschaft bilden wollen, aufgenommen werden. In welcher Art, ob durch in öffentlichen Blättern geschehene Aufforderungen und Bestimmungen der Zeit der Fälligkeit oder durch vierteljährlich von Haus zu Haus erfolgende Einsammlung, die Beiträge erhoben werden, ist für den rechtlichen Charakter der Gesellschaft und deren Vermögensverhältnisse einflußlos. Die letztere Art der Einsammlung macht allerdings nothwendig, daß die Antheile auf den Namen des Mitglieds lauten, allein es giebt auch Actien, die auf den Namen lauten, und es ist also auch diese Art der Einsammlung durchaus nicht den Kuxen eigenthümlich. Der Verfasser giebt daher dem weimarischen Gesetze den Vorzug vor dem sächsischen, wenn es der Gewerken und Kuxen gar nicht, sondern nur der Gesellenschaften (societas) erwähnt, und nur „corporative Vereine" im Allgemeinen neben den Gesellenschaften, außer diesen aber eine dritte Form nicht kennt. Das weimarische Gesetz findet den Ersatz der Gewerkschaft in der Actiengesellschaft vor und hatte, obwohl das Großherzogthum Weimar 1854 keine specielle Gesetzgebung über die Actiengesellschaften besaß, den Schritt zur Aufhebung der alten Gewerkschaft gethan. Da zur Zeit das deutsche Handelsgesetzbuch feste rechtliche Normen für Actiengesellschaften und dergleichen Erwerbsgesellschaften aufgestellt hat, kann kein Grund vorhanden sein, daß das Berggesetz, wie es bereits das bürgerliche Gesetz für privatrechtliche Bestimmungen im Allgemeinen substituirt, nicht auch hinsichtlich der Gesellschaften, so weit sie über societas hinausgehen, auf das Handelsgesetzbuch recurrirt. Keine Gründe giebt es, die überwiegend gegen diese Ansicht wären. Je mehr der Bergbau dadurch, daß er wie alle anderen speculativ gewerblichen Unternehmungen in den Rechtsverhältnissen den allgemein geltenden Gesetzen des Privatrechtes unterworfen bleibt, sich zugänglich macht, um so mehr kann er gedeihen. Das Berggesetz möge seine hauptsächliche Fürsorge darauf verwenden, daß ein rationeller, freier technischer Betrieb ermöglicht und dadurch dessen Gedeihen garantirt werde. Die Bergbehörde, als technische Fachbehörde, hat aber mit den innern privatrechtlichen Verhältnissen der Mitglieder einer bergbauenden Gesellschaft unter sich gar nichts zu thun; sie hat darauf zu sehen, daß eine legale Vertretung derselben besteht, die die Verbindung zwischen ihr und der Gesellschaft vermittelt. Die Existenz der Gewerke ist für das Gedeihen des Bergbaues ganz entbehrlich; es ist durch den Gesetzentwurf die Schranke zwischen Gesellschaften und Gewerkschaften, die Zwangszahl, aufgehoben, über welche hinaus eine Gesellenschaft sich in eine Gewerkschaft verwandeln mußte: die Gewerkschaft wird nicht ipso jure durch ihre Bildung eine juristische Person, sie ist vielmehr an die gleichen Formen der Bestätigung der Statuten, wie die Actiengesellschaft gebunden, ehe sie die Rechte der Corporation erlangt; welchen Vortheil soll also dieser Rest der alten Gewerkschaft dem Bergbaue gewähren?

In dem Wesen des Bergbaues liegt keine Nöthigung, diese Form der Gewerkschaft beizubehalten; sie ist ihrer bisherigen hauptsächlichen Attribute entkleidet; ist daher nicht ihre Existenz eher ein Hemmniß als eine Beförderung der Entwickelung der rechtlichen Gestaltung für in der Bildung begriffene Bergbauvereine? Man pflegt zu sagen, daß mit Rücksicht auf ihr historisches Alter, mit Rücksicht auf die Möglichkeit, durch Beibehaltung der Kuxe mit ihren sucessiven Zubußen, es zur Gewohnheit geworden ist, neue Vereine erst in diesen Formen zu begründen, um leichter Theilnehmer zu finden. Diese Auffassung widerlegt sich aber ebenso wie jede andere ähnliche durch die Erfahrung, daß im Gegentheile das Publikum mit dem leichtern Gebahren mit Actien, die auf einen bestimmten Werth lauten, zu deren Leistung sich der Inhaber zunächst verbindlich macht, so vertraut ist, daß die Hoffnung, mit Kuxen und Zubußen immer noch Gewerkschaften zu Stande bringen zu können, illusorisch ist. Die neuere Zeit hat dies vollständig bewiesen und giebt die Form des Actienvereins für den Zweck, einem Unternehmen durch nicht zu hohe Belastung des einzelnen Theilnehmers Anklang zu verschaffen, ein sehr einfaches Auskunftsmittel dadurch an die Hand, daß ja Actien zu ganz geringem Nominalwerthe ausgegeben werden können.

Wenn den Kuxen insofern ein Werth beigelegt werden soll, als deren Besitz die Verpflichtung dem Inhaber auflegt, fortgesetzt die nach dem Beschlusse der Majorität ausgeschriebenen Zubußen zu zahlen, so steht dieser Verpflichtung in § 9 des Entwurfs die Bestimmung in § 10 gegenüber, daß jedes Mitglied einer Gewerkschaft sich jederzeit von der Gewerkschaft ohne irgend welche Verbindlichkeit loszusagen berechtigt ist. Die Form der Gewerkschaft giebt also für das Bestehen der Gesellschaft keine größere Garantie, als eine Actiengesellschaft. Die letztere bietet aber mehr Vortheil dem Theilhaber.

Bei der Actiengesellschaft kann der Actionär gleichfalls, so lange der Nominalbetrag der Actie noch nicht voll, aber über 40 Procent eingezahlt ist, von der Actie sich dadurch lossagen, daß er nicht zahlt und die Actie präcludiren läßt. Er hat aber dagegen den Vortheil, daß, wenn der Nominalbetrag der Actie bezahlt ist, er seiner Rechte nicht verlustig werden kann, wenn er auch weitere Zahlungen nicht schaffen kann. Der Kuxinhaber aber, dem die Zubußen zu arg werden, muß, wenn er zurücktritt, Alles verlieren, was er eingezahlt hat.

Die Verpflichtung der Kuxinhaber, nach Beschluß der Majorität immer und immer wieder zu zahlen, kann in einen Terrorismus ausschlagen, der alle idealen Vortheile, die man den Kuxen „aus alter Zeit" andichtet, weit überwiegen muß. Kann ein kleiner Theil der Kuxinhaber den fortwährenden Einzahlungen nicht gerecht werden, so müssen diese ihre Kuxe fallen lassen, und die Majorität der Gewerken, die fortgezahlt hat, kann nun die ins Freie gefallenen Kuxe an sich nehmen und sich, wenn eine Absicht zu Grunde lag, an dem unrechten Gute bereichern.

Die Art und Weise, in welcher Actiengesellschaften allein neue Geldmittel beschaffen können, ist dagegen stets auf Achtung der bisher erworbenen Rechte der Actionäre begründet.

Die Bestimmung in § 12, daß die Kuxe zu den beweglichen Sachen gehören, ist ein ganz incorrecter Ausdruck. Ein Kux ist ein ideeller Antheil und hat niemals an sich unbewegliches Eigenthum sein können, denn die rechtliche Natur des Antheils richtet sich nach der des Objects des gemeinschaftlichen Eigenthums. Die früher üblich gewesenen Verpfändungen haben eigentlich mehr den Kuxscheinen als den Kuxen gegolten und beruhten auf unklaren Rechtsanschauungen über Verpfändungen, gleichwie im gewöhnlichen Verkehr oft gerichtliche Kaufsconfirmationsurkunden, Cautionsquittungen, Consensurkunden und Hypothekenbriefe als Pfandobjecte gebraucht worden sind. Durch die Verpfändungen ist der Kux, resp. Kuxschein, an sich ebensowenig zu einem beweglichen Eigenthum im Rechtssinn geworden. Die Verpfändungen waren streng genommen Dispositionsbeschränkungen, die auf dem Kuxschein ruhten; diese Scheine waren der Nachweis des Gewerkenantheils; wenn und so lange dieser Schein in dritte Hand als Pfand gelegt worden, konnte der Kuxinhaber nicht über den Kux verfügen, und war er somit, ehe er dies thun konnte, genöthigt, den Kuxschein einzulösen. Daß diese Verpfändungen Hypotheken genannt wurden, konnte nur den exclusiven Berggerichtsbehörden begegnen, die in früherer Zeit sich von dem Strome der allgemeinen Rechtsausbildung consequent fern hielten und sich ihr Recht selbst machten.

Da die rechtswidrige Verpfändung von Kuxantheilen, resp. Scheinen, mit dem Rechte einer Hypothek aufgehoben ist, so folgte daraus noch nicht, daß die Kuxe zu den beweglichen Sachen gemacht werden können; Kuxe und Actien sind ideelle Gesellschaftsantheile, und nur das Papier, der Kuxschein, resp. das Actiendocument, könnte eine bewegliche Sache genannt werden. Die erste Zeile des § 12 müßte also jedenfalls gestrichen werden.

Vergleicht man, abgesehen von der erfolgten Beseitigung der Gewerkschaft, das weimarische Gesetz mit dem jetzigen sächsischen Gesetzentwurfe, so fällt die Bestimmung in § 20 des ersteren auf, daß Gesellschaften dem Bergamte, in welcher Art sie ihre inneren Angelegenheiten besorgen wollen, anzuzeigen, beziehentlich den Vertrag vorzulegen haben. Dieser Zwang ist ein Eingriff in die Privatverhältnisse, und wenn dadurch die Absicht erreicht werden soll, zu erfahren, welcher der socii die Vertretung der Bergbehörde gegenüber übernommen hat, so ist die Bestimmung des § 7 des sächsischen Entwurfs viel einfacher, daß die socii bei Vermeidung der Ernennung eines Officialmandatars einen Bevollmächtigten und dessen Stellvertreter der Bergbehörde anzuzeigen haben.

Diese Bestimmung in § 7, sowie die in § 15 des sächsischen Entwurfs über den Officialmandatar ist durch die Verhältnisse bedingt, da es sich bei dem Bergbau oft um sehr bringende Sachen handelt, deren Abstellung erforderlich ist; es dürfte nur die Frage entstehen, welche Executivgewalt dem Mandatar zusteht, wenn dessen Anordnungen in dem Bergwerke keinen Erfolg haben und Niemand sie achtet. Die jetzige Proceßordnung kennt nur Officialmandatare zur Führung und Vertretung in Processen, Sequester und Abwesenheitsvormünder. Das Gesetz hat nicht ausgesprochen, welche rechtliche Gewalt der Officialmandatar haben soll, ob er in vim sequestris oder curatorio nomine die Gewerkschaft oder die Actiengesellschaft zu vertreten hat. Zu Anlegung eines Sequester fehlen die zwingenden Momente, der Abwesenheitsvormund hat zugleich die Vermögensverwaltung des Abwesenden; die letztere ist aber dem Officialmandatar nicht übertragen. Sind nun Letzterem die Beamten und Arbeiter des Bergwerks Gehorsam schuldig, da sie Privatbeamte sind und ihrem Dienstherrn Gehorsam schulden? Diese Frage beantwortet sich nicht aus dem Gesetz und es lassen sich daher verschiedene Fälle denken, in welchen sie aus Gehorsam gegen den Dienstherrn in Conflict mit dem Officialmandatar gerathen müssen. Es ist zwar im Gesetz bestimmt, daß die Wahl des Officialmandatars in den öffentlichen Blättern bekannt gemacht werden soll, diese kann aber nicht die Autorität ihm geben, die ihm zur Zeit von Seiten des Gesetzes zu fehlen scheint. Wenn die Bestimmung in der Ausführung nicht ihre entschiedenen Hemmnisse durch Widersprüche auf gerichtlichem und außergerichtlichem Wege finden soll, so ist die nähere Bezeichnung und Subsumtion des Mandatars unter eine der obgenannten Kategorien nothwendig.

Abgesehen von diesen Zweifeln über die dem Officialbevollmächtigten, den die Bergbehörde bestellen kann (f. §§ 7, 8, 15, 54 des Entwurfs) einzuräumende Stellung, so dürfte jedenfalls hinsichtlich der letzteren ein Unterschied bei den Gesellschaften, im Gegensatz zu Actiengesellschaften oder überhaupt Gesellschaften, die nur als Corporation, nicht als Einzelbesitzer im Bergbuche eingetragen sind, Statt finden. Die Theilnehmer der Gesellschaften sind einzeln bekannt; die Bestellung eines Bevollmächtigten soll und kann nur die Weitläufigkeiten abschneiden, daß die Bergbehörde nicht genöthigt ist, bei jeder Gelegenheit mit allen einzelnen Gesellen zu verhandeln, an alle Einzelne Verfügungen zu richten. In diesem Falle sind die Mitglieder bekannt und wenn es sich um Abgabe von Erklärungen oder um Execution getroffener Verfügungen handelt, so müssen die Gesellen sich selbst vertreten. Haben diese keinen Bevollmächtigten bestellt, so wird der von der Bergbehörde zu ernennende Officialmandatar weiter keine Obliegenheit und Rechte haben, als sie in dem Proceßverfahren dem mandatarius ad insinuandum beigelegt sind.

Hingegen muß der Officialbevollmächtigte, der im Falle eines Mangels einer legalen Vertretung einer Corporation einer solchen gesetzt wird, volle Befugnisse eines Vertreters und Verwalters, also eines Sequesters haben, da eine Personalexecution gegen die — im Berghypothekenbuche unbekannt bleibenden — Vereinsmitglieder nicht thunlich ist. Dieser Officialbevollmächtigte hat die Befugnisse und Pflichten eines Vorstandes nach Innen und nach Außen zu erfüllen, und wird dieser Fall hauptsächlich bei Actiengesellschaften eintreten, wenn aus irgend welchen Gründen die gewählten Vertreter des Vereins ihre Functionen aufgegeben, neue Wahlen aber nicht Statt gefunden haben. Dem Verfasser sind derartige Gesellschaften bekannt geworden, die, weil keines der gewählten Organe mehr vorhanden war, das eine Generalversammlung berufen konnte, haben zusehen müssen, wie ihr Eigenthum verloren, resp. untergegangen ist. Um die Thätigkeit eines derartigen Officialbevollmächtigten nicht am Kostenpunkte scheitern zu lassen, müssen diese Administrationskosten bei der schließlich erfolgenden Liquidation, verbunden mit Subhastation, zu den Massekosten gerechnet und prioritätisch befriedigt werden.

2*

Der in § 54 erwähnte Officialbevollmächtigte, welchem hier der Name: „Administrator" beigelegt ist, würde füglich am besten durch einen von der Nachlaßbehörde auf von der Bergbehörde erfolgte Requisition zu bestellenden allgemeinen Nachlaßvertreter zu ersetzen sein; erst wenn eine solche Nachlaßvertretung nicht hergestellt werden sollte, würde die Bergbehörde das Recht haben, einseitig einen solchen speciellen Vertreter eines Nachlaßbesitzthums zu ernennen.

Das den Erben in § 54 a. E. angedrohte Präjudiz kann nur als richtige Consequenz des Verleihungsrechtes angesehen werden.

Abschnitt IV. und X.
Bergwerkseigenthum, Bergbaurecht.

Die Bezeichnungen, welchen man in den bestehenden verschiedenen Berggesetzen begegnet, sind sehr vielfach, und werden nicht immer gleichmäßig für denselben Begriff gebraucht.

Das Wort: „Bergwerkseigenthum" hat vielfache Angriffe, aber, wie es scheint, mit Unrecht erlitten. Die Bezeichnung: „Eigenthum" bedeutet den Inbegriff aller an einer Sache denkbaren privatrechtlichen Befugnisse und ist daher in obiger Zusammenstellung eine verständliche und correcte Collectivbezeichnung. Das weimarische Gesetz versteht unter dem Namen: „Bergwerkseigenthum" nur die Ausübung der aus dem Bergbaurechte fließenden Gerechtsame, die es allein darunter begreift, da es die Taggebäude, Grundstücke und überhaupt alle Vorrichtungen über Tage nicht als Zubehör dieses Abbaurechtes gelten läßt; nach der Ansicht des weimarischen Gesetzes kann als „Bergwerkseigenthum" nur das gelten, was bei dem Aufhören des Bergbaurechtes wieder mit in das Freie fällt; es gehören daher Kuxe und alle unterirdischen Baue zu demselben, sowie die mit demselben zusammenhängenden dinglichen Rechte an fremdem Grund und Boden, überhaupt die mit der Verleihung verbundenen Rechte. Das „Berggebäude" wird im Allgemeinen als Bergwerkseigenthum in seinen Beziehungen zu einem bestimmten Werke angesehen, man gebraucht es auch in gleicher Bedeutung mit den Ausdrücken: „Grube," „Zeche," „Grubengebäude," „Bergwerk," überhaupt für die Totalität der zu einem bergmännischen Unternehmen gehörigen Baue, Anlage-Arbeiten.

Ueber die näheren Unterschiede der einzelnen Bezeichnungen bezüglich des neuen Entwurfs wird am Ende Einiges erwähnt werden.

Das österreichische Gesetz rechnet zum Bergwerkseigenthum alle zu Tage liegenden Bestandtheile, Taggebäude, Werkstätten und Betriebsanlagen, sowie sonstiges unbewegliches Gut; die Eintragung der Grundstücke und Gebäude, welche der Unternehmer zum Bergwerke zieht und als Zubehör angiebt, wurde im Bergbuche zum Bergwerke gehörig eingetragen; speciell ist hierbei die Bestimmung, daß die in dem Bergbuche eingetragenen Grundstücke im Grundbuche einstweilen ihren Platz verlieren, und in dasselbe bezüglich deren Besitz und Verpfändung, so lange diese Zubehörung fortdauert, keine Einträge erfolgen können. Gleichwohl bleiben diese Zubehörungen, wenn sie nicht mit der Grube zur Versteigerung kommen, nach einer solchen im Eigenthum des Bergbauenden. ꝛc. Otto in der angeführten Schrift will die Bezeichnung: „Eigenthum" ganz beseitigt haben, da solches nur an beweglichen Sachen existire. Es ist aber nicht abzusehen, warum dieser specielle Schulbegriff neben dem allgemein gebräuchlichen Collectivworte Eigenthum, das die Totalität aller Rechte, die an und bei einer körperlichen Sache existiren, bezeichnet, nicht gebraucht werden solle. Die Rechtssicherung an diesem Bergwerkseigenthum im weitesten Sinne, also einschließlich des Bergbaurechtes und der Berggebäude, soll durch bücherliche Eintragung erfolgen. Bei dieser Lehre weichen die drei erwähnten Berggesetze nicht unwesentlich ab.

Das österreichische Berggesetz sagt in § 117: „Alle Taggebäude, Werkstätten, Anlagen, welche zur Ausübung der verliehenen Bergbauberechtigung erforderlich sind, oder von dem Besitzer des Werkes dazu bestimmt worden, haben mit demselben ein Ganzes auszumachen."

„Die Widmung dieser Realitäten zu Bestandtheilen des Werkes muß sowohl in dem Bergbuche eingetragen, als in den Grund- oder andern öffentlichen Büchern, worin sie etwa vorkommen, angemerkt werden."

Das Berggesetz unterscheidet zwischen Bestandtheilen und Zubehör des Bergwerkseigenthums; die ersteren befinden sich entweder in der Grube oder liegen zu Tage. Sie werden unterschieden, je nachdem sie Gegenstand der öffentlichen Buchführung sind oder nicht; im ersteren Falle werden sie als zu Tage liegende Bestandtheile, im anderen als Zubehör bezeichnet.

Das ein Ganzes bildende Bergwerkseigenthum unterliegt der Verpfändung im Bergbuche.

Als ganz specielle Bestimmung ist noch zu bemerken, daß nach § 121 die beweglichen Zubehöre der Bergwerke, die zum Betriebe bestimmten Thiere, Maschinen, Werkzeuge, Geräthschaften, die vorhandenen Material-, Natural- und andere Vorräthe, und die noch nicht im kaufrechten Zustande nach der Beschaffenheit des Bergbetriebes befindlichen Erz- und Hüttenproducte, von der Einzelexecution in dieselben ganz ausgeschlossen sind. Der Verfasser kann nur empfehlen, diese Bestimmung aufzunehmen, da die rücksichtslosen und den Ruin der Schuldner, sowie gleichzeitig die Mitleidenheit aller Gläubiger in Folge des Vorgehens eines einzigen Gläubigers herbeiführenden Bestimmungen des Executionsgesetzes vom 28. Februar 1838 einen Gläubiger ermächtigen, allen beweglichen Zubehör eines Bergwerks dergestalt mit einem Male abpfänden zu lassen, daß jedes Werk sofort stillstehen muß, wenn z. B. Maschinen, Kessel oder deren einzelne Theile, die Abbauvorrichtungen, einzeln und nach Belieben versteigert werden. Was das Executionsgesetz leider im Allgemeinen gestattet, muß das Berggesetz speciell für den Bergbau aufheben und unmöglich machen.

Das weimarische Gesetz unterscheidet zwischen Bergbuche und Berghypothekenbuche; das Bergbuch tritt an die Stelle der Grundbücher (Cataster) und auf dem Grunde von Auszügen aus dem Bergbuche werden die Einträge im Berghypothekenbuche, gleichwie bei selbstständigen Gewerbsberechtigungen, mittelst Anlegung eines besonderen Foliums bewirkt.

Das Oberflächeneigenthum (Grundstücke, Gebäude, Anlagen auf der Erdoberfläche u. s. w.) unterliegt aber nicht den Einträgen in das Bergbuch und Berghypothekenbuch, da es als Zubehör die Natur des Bergwerkseigenthums nicht erlangen könne.

Der neue sächsische Entwurf enthält über die Eintragungen in die bergbehördlichen Bücher und in die Grund- und Hypothekenbücher gleiche Bestimmungen, als das Gesetz vom 22. Mai 1851, und werden daher auch über die Ausführung dieselben Vorschriften gelten sollen, welche in der Ausführungsverordnung (S. 414 der Gesetzsammlung von 1851) zum § 12 des Berggesetzes gegeben sind; insofern jedoch diese Bestimmungen sich nur auf die von den Gerichtsbehörden über die zum verliehenen (sog. „Regal=") Bergbau gehörig gewesenen Berggebäude beziehen, in Folge des neuen Gesetzes aber auch die Eintragungen von Kohlenabbaurechten auf Grund § 14 des Gesetzes vom 6. November 1843 mit in Betracht kommen müssen, wird sich Veranlassung finden, auf einige Unterscheidungen hinzuweisen.

Für den verliehenen Bergbau sind laut § 45 des Entwurfs (§ 55 des Gesetzes) Verleih= und Lehnbücher von der Berghauptmannschaft zu halten.

Die Verleihbücher enthalten beglaubigte Abschriften der Verleihungsurkunden nach der Zeitfolge der Verleihungen.

Die Lehnbücher enthalten für jede Grube ein Folium, und auf demselben sind die Feldverleihungen und Lossagungen dergestalt eingetragen, daß die Größe des Grubenfeldes jederzeit daraus ersehen werden kann. In dem Lehnbuche sind auch die Namen der jezeitigen Eigenthümer der Grube zu ersehen, darauf bezügliche Veränderungen fortwährend nachzutragen. Nach Maßgabe der Ausführungsverordnung hat die Behörde überdies für jedes Bergamtsrevier eine Verleihkarte zu halten, um eine fortlaufende bildliche Uebersicht des freien und verliehenen Grubenfeldes zu erhalten.

In dem Grund= und Hypothekenbuche der Berggerichtsbehörde ist nach § 50 des Entwurfs für jedes vom Staate verliehene oder vom Grundeigenthümer ohne Beschränkung auf eine bestimmte Zeit eingeräumte Bergbaurecht auf Antrag der Berechtigten ein Folium anzulegen.

Als Zubehörungen dieses Rechtes gelten alle zum Behufe der Ausübung desselben vorhandenen Gebäude, Grundstücke, bergmännische Hilfsanlagen, Wasserrechte ꝛc., und unterliegen daher auch der Eintragung, wie dies die §§ 5—10 der Ausführungsverordnung zu dem Gesetze vom 22. Mai 1851 näher detailliren.

Den Bestimmungen über Eintragung eines Bergbaurechts im Grund= und Hypothekenbuche stehen folgende für den Fall des Erlöschens eines solchen gegenüber.

Das österreichische Gesetz bestimmt für den Fall

1) der Entziehung des Bergbaurechtes durch rechtskräftiges Erkenntniß, daß die Bergbehörde die Veräußerung der Grubenmassen einzuleiten hat. Die vorgängige Schätzung erfolgt für die Bestandtheile für sich allein und ohne alle Verbindung mit der Bergbauberechtigung, sowie auch in Verbindung mit den Grubenmassen und Bauen.

2) Die Feilbietung erfolgt, unter Vorladung der Hypothekengläubiger, mit der Bestimmung, daß das Werk jedenfalls auch unter der Gesammtschätzung, jedoch nicht unter dem Werthe der (von der Bergbauberechtigung gleichsam zu expropriirenden) zu Tage liegenden Bestandtheile des Werkes und dessen Zubehöres veräußert werden würde.

Für den Fall, daß in Folge der Feilbietung kein Käufer sich meldet, oder nicht einmal der Werth der (von dem Bergbaurechte getrennt gewürderten) Bestandtheile und des Zubehörs geboten wird, hat die Bergbehörde die verliehene

Grubenmasse für aufgelassen und die Bergbauberechtigung für erloschen zu erklären, welche wieder in das Freie fallen.

Die Löschung erfolgt sowohl in dem bergbehördlichen Vormerkbuche, als in dem Grund- und Hypothekenbuche der Gerichtsbehörde, und von letzterer werden hierüber die Hypothekengläubiger benachrichtigt.

Die Bestandtheile und das Zubehör des Bergbaues verlieren, da letzterer als Hauptstamm des Folii aufhört, die Natur des Bergwerksgutes und werden wieder Civilgut; sie werden als ersteres im Bergbuche gelöscht und sämmtliche Realitäten mit den darauf haften gebliebenen Pfandrechten in die bisher geschlossen gewesenen und wieder herzustellenden Rubriken des Grund- und Hypothekenbuchs übergetragen.

Für den Fall

2) der eigenen Erklärung des Bergwerksbesitzers, seine Gruben- oder Tagmasse auflassen zu wollen, ist, wenn Hypothekarlasten auf dem Werke haften, den Gläubigern durch das Berggericht freizustellen, binnen 60 Tagen die gerichtliche Schätzung und Feilbietung anzusuchen. Wenn die letztere zu einem Kaufe nicht führt, tritt das gleiche Verfahren wie sub 1 hinsichtlich der Löschung des Bergbaurechtes ein.

Das weimarische Gesetz, welches principiell die Tagebaue, Grundstücke, Gebäude nicht als zum Bergwerksgute zugehörig anerkennt, schreibt für beide obige Fälle sub 1, 2, die das österreichische Gesetz unterscheidet, vor, daß eine Feilbietung nur Statt findet, wenn ein Hypothekarier auf erhaltene Notification binnen der ihm gesetzten neunzigtägigen Frist darauf anträgt. Ist der Antrag nicht erfolgt, so erlöschen sofort die auf dem Bergwerkseigenthume haftenden Hypotheken, und das Bergbaurecht fällt ins Freie.

Die Tagebaue, Gebäude, Grundstücke u. s. w. verbleiben dem Eigenthümer.

Der sächsische Berggesetzentwurf bestimmt:

a) wird „ein Bergbaurecht" von dem Berechtigten aufgegeben, oder ihm entzogen, so ist dies von der Bergbehörde öffentlich bekannt zu machen;

b) den Gläubigern sowohl als dem Bergbauberechtigten steht binnen dreimonatlicher Frist von der öffentlichen Bekanntmachung, resp. von der Rechtskraft des Erkenntnisses an, der Antrag auf Zwangsversteigerung „des Bergwerkseigenthums" zu;

c) ist kein Antrag erfolgt, oder kein Gebot im Versteigerungstermine erlangt worden, so ist

aa) das „Bergbaurecht" für erloschen zu erklären und im Lehnbuche zu löschen, und

bb) ein für „dasselbe" bestehendes Folium im Grund- und Hypothekenbuche zu schließen.

Die Bestimmungen der drei Gesetze sind durchweg verschieden und lassen sich unverkennbar gegen den sächsischen Entwurf die mannigfachsten Ausstellungen machen, da die Ausdrücke Bergbaurecht und Bergwerkseigenthum nicht correct gebraucht werden, und das Bergbaurecht nebst Grubenzubehör nicht von dem Zubehör über Tage getrennt gehalten wird.

Denn Bergbaurecht und Bergwerkseigenthum haben nicht getrennte Folien, was soll also mit dem Bergwerkseigenthum werden, wenn das Folium über das erstere geschlossen wird, und wie ist das zu bewerkstelligen?

Das österreichische Gesetz trennt beide genau, indem es

a) eines Theiles der Erklärung des Bergberechtigten überläßt, welche Realitäten zum Bergwerkseigenthum gehören sollen, aber

b) bestimmt, daß, wenn diese Realitäten bereits bücherlich in dem Grundbuche eingetragen sind, die betreffenden Rubriken für dieselben in letzterem Buche, sowie deren Uebertragung ins Bergbuch geschieht, geschlossen werden, und

c) bei der Löschung des Bergbaurechtes diese Realitäten mit den darauf lastenden Hypotheken wieder zurück in das Grundbuch in die neu zu eröffnenden Rubriken eingetragen werden sollen.

Der sächsische Entwurf läßt die Bestimmungen sub b und c vollständig vermissen; er sagt nicht, ob in dem Falle, wenn das Grund- und Hypothekenbuch über das Bergbaurecht nach § 173 geschlossen wird, die Hypotheken auch an dem Zubehör über Tage erlöschen oder nicht, und wohin sie sonst kommen.

Nach § 6 der Ausführungsverordnung des jetzigen Gesetzes sollen auf der ersten Rubrik die Pertinenzen des „Berggebäudes" an Gebäuden, Grundstücken, Teichen und sonstigen Anlagen eingetragen werden. Diese Vorschrift ist nach den Bestimmungen des Gesetzes vom 6. November 1843 nicht anders auszuführen, als daß Grundstücke, die eine Flurbuchsnummer führen und daher auf einem Folio des Orts-Grund- und Hypothekenbuchs bereits eingetragen sein müssen, von letzterem abgetrennt werden, um zu dem Folio des Bergbaurechtes hinzugeschrieben werden zu können. Diese Parcellen können nun, wenn das Bergbaurecht erlischt und dessen Folium geschlossen wird, nicht verloren gehen. Es fehlt also jedenfalls eine genügende Bestimmung des Gesetzes, wie es mit den Pertinenzen zu halten ist, wenn das Folium geschlossen werden soll; eine solche ist auch nicht in der Ausführungsverordnung des jetzigen Gesetzes zu finden; es fehlt daher alle und jede Vorschrift. Die Schließung des Folium, welche der Entwurf verordnet, muß ferner zur Folge haben, daß alle bestehenden hypothekarischen Einträge ungültig werden und nach dem Schlusse des Folii also wegen Uebertragungen Einträge nicht mehr gemacht werden können; es fällt daher alle und jede Möglichkeit weg, daß die Hypothekarier noch ein Recht an den Parcellen und Gebäuden, die bisher zum Bergwerkseigenthum gehörten, nach Schließung des Folii geltend machen können. Diese Sperre des Folii scheint unlöslich. Da nach § 175 dem letzten Besitzer das Eigenthum an dem Zubehör unbeschadet der Rechte Dritter bleiben soll, so scheint es zwar, als wenn die Hypotheken an denselben haften blieben, allein es fehlt der deutliche Ausdruck, daß unter „den Dritten" die Hypothekarier gemeint sein sollen. Wenn nun dieselben auch ihre Rechte behalten sollten, so fragt sich, haben nicht Diejenigen der Geltendmachung sich begeben, die innerhalb der dreimonatlichen Frist nicht auf Versteigerung angetragen haben, oder fallen nicht alle Hypotheken weg, da ein Gebot nicht bei der Versteigerung erlangt und das Folium geschlossen worden ist? Können die Hypothekarier der freiwilligen Veräußerung einer einzelnen der auf dem Bergbau-Folio eingetragenen Parcellen nach dieser Zeit widersprechen? müssen sie von dem Gerichte deshalb um ihre Genehmigung gefragt werden? Können überhaupt Parcellen der sonstigen auf dem geschlossenen Folio eingetragen gewesenen Grundstücke von demselben abgeschrieben und wieder auf ein anderes Folium geschrieben werden, ohne daß es einer Expropriation bedarf? Das Gesetz giebt hierüber keinen Aufschluß, der sowohl im Interesse der Betheiligten, als auch für die

Gerichtsbehörden zu Befolgung eines geordneten Geschäftsganges und zu Vermeidung von Zweifeln erforderlich ist.

In der angeführten Schrift des Oberbergrath Otto werden verschiedene Zweifel gegen die Nothwendigkeit einer Eintragung des Bergbaurechts auf ein Folium des Grund- und Hypothekenbuches erhoben.

Mit Recht bestreitet 2c. Otto die Nothwendigkeit der Eintragung eines Bergbaurechtes, wenn dasselbe dadurch erst zur Existenz kommen soll. Diese Ansicht hat aber wohl nicht dem Berggesetze zum Grunde gelegen, und ist er insofern im Irrthum, welcher sich ihm sofort durch Hinweisung auf die Kohlenabbaurechte nachweisen läßt. Das verliehene Bergbaurecht leitet seine Existenz eben so wenig als das Kohlenabbaurecht von der Eintragung her; beide bestanden bisher schon zu Recht, auch wenn sie nicht im Grund- und Hypothekenbuche eingetragen waren. Das Bergbaurecht auf metallische Mineralien erhielt seine Existenz durch die Verleihung des Bergamtes und das Kohlenabbaurecht unter fremdem Grund und Boden entweder in Folge der durch das Mandat vom 10. September 1822 eingeführten Concession oder durch Vertrag mit dem Grundbesitzer. Beide Rechte konnten auch sofort ausgeübt werden, wenn sonst alle übrigen Bedingungen vorhanden waren, auch wenn ein Eintrag auf einem Folium nicht erfolgte. Das Gesetz vom 6. November 1843 setzt zwar in § 14 die Eintragung in das Grund- und Hypothekenbuch an die Stellen der früheren Confirmation der Kohlenabbauverträge; es würde aber ein Irrthum sein, wenn man, weil das beregte Mandat die Gültigkeit der Kohlenabbauverträge von deren gerichtlicher Confirmation (jetzt der Eintragung) abhängig machte, zu der Ansicht kommen wollte, daß ein solcher Vertrag ohne Eintragung des Abbaurechtes auf ein Folium noch keine Gültigkeit hätte. Bei Aufnahme der Bestimmung in § 10 hat man nämlich nicht die Eintragung auf einem anzulegenden Folium, sondern auf dem Rubr. I. des Folii desjenigen Grundstückes, mit dessen Besitzer der Vertrag über Kohlenabbaurecht abgeschlossen worden, im Sinne gehabt. Noch weniger kann also die Gültigkeit eines verliehenen Bergbaurechtes von der Eintragung auf einem anzulegenden Folio abhängig gemacht werden wollen, da die Verleihung von Bergbaurechten auf Metall nicht einmal auf dem Folium des Besitzers der Oberfläche eingetragen zu werden braucht.

Die etwaigen Zweifel hat der neue Entwurf in § 50 durch die Bestimmung beseitigt, daß für jedes vom Staate verliehene oder vom Grundeigenthümer ohne Beschränkung auf bestimmte Zeit eingeräumte Bergbaurecht erst auf Antrag des Berechtigten ein Folium anzulegen ist.

Die Ansicht von 2c. Otto (S. 49 der Schrift), daß eine Eintragung eines verliehenen Bergbaurechtes nur unter Aufhebung der Verleihungsform vorgeschrieben werden könne, wird also nicht bestätigt.

Dem Princip des Gesetzes vom 6. November 1843 widersprechend, ist aber die Verschmelzung des Bergbaurechts mit dem Zubehör an Oberflächeneigenthum, gleichsam wie zu einem geschlossenen Gutscomplex durch die Eintragung aller der in § 6 der Ausführungsverordnung in die I. Rubrik aufzunehmenden Gegenstände im Berg-Grund- und Hypothekenbuche, und es ist in dieser Beziehung den Ausführungen in der Schrift von 2c. Otto (S. 50) beizupflichten.

Die benannte Schrift hält es mit Recht für unrichtig, daß Grundstücke, die vermöge ihrer Stabilität nicht erlöschen können, zu Rechten, die löschbar sind, als

Pertinenzen hinzugeschrieben werden. Denn da die Pertinenz dem Stamme folgt, zu dem sie gehört, können zu einem löschbaren Rechte nur solche Sachen und Rechte, wie Grubenbaue oder Wasserrechte, Servituten als Pertinenzen zugeschrieben werden, die, wenn das Hauptrecht erlischt, dadurch, daß sie ihre Bestimmung für den Besitzer verlieren, mit dem Rechte wieder Dem anheimfallen, der weiter über sie disponiren kann. Da nun verliehene Bergbaurechte durch das Erlöschen ins Freie fallen sollen und wieder von der Bergbehörde einem Dritten verliehen werden können, so können nur diejenigen Sachen und Rechte Pertinenzen des verliehenen Bergbaurechtes sein, die bei der anderweiten Verleihung des erloschenen Bergbaurechtes dem dritten Beliehenen mit zufallen. Grundstücke, Gebäude und sonstiges Zubehör, was aber nach § 175 Eigenthum des letzten Besitzers bleiben soll, kann somit nicht Pertinenz des Bergbaurechtes sein.

Wenn ferner nach § 174 erloschene Kohlenabbaurechte in das Eigenthum des Grundbesitzers wieder zurückfallen sollen, so leidet dieselbe Ansicht Anwendung, daß auch nur solche Zubehörungen auf ein für ein Kohlenbergbaurecht angelegtes Folium eingetragen werden können, die mit dem erloschenen Rechte dem Grundbesitzer zufallen müßten.

Diese Ansicht dürfte unbestreitbar sein und ist durch die oben angeführten Bestimmungen des österreichischen und weimarischen Gesetzes schon zur Geltung gebracht.

Die Schrift von ec. Otto behauptet S. 51 mit Unrecht, daß das Grundstück „als Repräsentant der absolut gegebenen Materie," wenn es als Pertinenz zu einem Bergbaurechte auf dessen Folium eingetragen würde, vermöge „seiner durch die intensive Kraft des Begriffes gebotenen Präponderanz" das Bergbaurecht zur Pertinenz herabdrücken müßte; es würde eben aus dem Grundstücke ein bergbauberechtigtes Grundstück. Es ist rechtlich unmöglich, daß Pertinenzen die Qualität als Hauptgut annehmen, so lange sie als erstere auf dem Folium des letzteren eingetragen sind, und es kann die rechtliche Beurtheilung durch die Befürchtung nicht alterirt werden, daß der Volksmund das Verhältniß umkehren und den Ausdruck: „bergbauberechtigtes Grundstück," worauf zuletzt die Angelegenheit hinauslaufen möchte, gebrauchen würde.

Die Beispiele einer möglichen Monstrosität des Folium, wenn z. B. alle zur Grube Himmelfahrt bei Freiberg, sowie zum Rothschönberger Stollen und der Freiberger Revierwasserversorgungsanstalt (S. 52, 55 der Schrift) gehörigen Grundstücke auf eins eingetragen werden sollten, können der Vorschrift in § 6 der Verordnung nicht entgegenstehen, denn das Recht, die verschiedenartigsten Grundstücke zusammenzulegen, ist durch das Gesetz gestattet; es würde sich also blos um eine räumliche Einrichtung im Hypothekenbuche handeln, daß genug Blätter zur Aufnahme vorgesehen würden. Die Schrift verfällt gleich nach diesen Bemerkungen insofern in einen Widerspruch mit sich, als sie S. 53 die Eintragung des Bergbaurechtes allein, ohne Pertinenzgrundstücke befürwortet, aber S. 54 es für gut befindet, der ersten Rubrik des genannten Folium „notitiae causa als Hülfsrubrik" ein Verzeichniß der sämmtlichen Pertinenzgrundstücke und Anlagen mit Verweisung auf die betreffenden bürgerlichen Grund- und Hypothekenbuchfolien derselben anzulegen und beizufügen. Denn abgesehen davon, daß das Gesetz vom 6. November 1843 derartige Hülfsrubriken nicht kennt, hätten dieselben keinerlei reellen Nutzen, da die (oben gefürchtete) Monstrosität des Berg-

Hypothekenbuches eben nicht vermieden, eine Garantie der Verität der Zubehörungen durch ein „Verzeichniß" statt der „Einträge" auf Rubr. I. nicht hergestellt und der hauptsächliche Zweck, auf das verbundene „Bergwerkseigenthum" Hypotheken eintragen zu lassen, nicht erreicht würde.

Die Lösung der Frage, ob und wie Bergbaugrundstücke neben einem Bergbaurechte im Berg-Grund- und Hypothekenbuche eingetragen werden können, ist auf verschiedene Art möglich.

Der Entwurf läßt nur das Bergbaurecht in das Freie fallen, während der Berechtigte nach § 175 alle unter und über Tage befindlichen Vorrichtungen wegnehmen darf, soweit nicht dadurch nach dem Ermessen der Bergbehörde Brüche oder sonstige Gefahren für die Oberfläche und deren Bewohner oder für andere Berggebäude entstehen können. Hiernach, und da das Bergreservat aufgehoben, sogar dem Grundbesitzer ein Rückkaufsrecht für früher expropriirte Grundstücke desselben zusteht, hat der Berechtigte keinerlei Oberflächenraumbesitzthum behufs etwaiger künftiger Uebergabe an den nach ihm kommenden Berechtigten liegen zu lassen, sondern kann das ganze, nach dem Erlöschen des Bergbaurechtes ihm bleibende Eigenthum veräußern. Bei Erlöschung eines Bergbaurechtes geht daher nur dieses den auf dem Folium eingetragenen Hypothekariern verloren, während alles nur irgend zu verwerthende sachliche Eigenthum, das zum Berggebäude gehörte, ihnen als Pfand bleibt. Es kann sonach die Eintragung eines Bergbaurechts mit Oberflächeneigenthum, das unzertrennbar von ihm wäre und mit ihm ins Freie fiele, nicht erfolgen. Wenn aber die Eintragung eines Bergbaurechtes mit Oberflächenbenutzung nach § 121 sub 2, 3 erfolgt, so fallen bei dem Erlöschen des Bergbaurechtes diese Rechte auf Benutzung an den Grundbesitzer zurück.

Hieraus scheint dem Verfasser die Nothwendigkeit zu folgen,

a) daß das für ein Bergbaurecht angelegte Folium in Folge dessen Erlöschens nicht eher geschlossen werden kann, als bis die Oberflächeneigenthumsverhältnisse geordnet sind, und

b) daß die Bestimmungen des Entwurfs eine Aenderung erleiden müssen.

Bei der Vergleichung der Bestimmungen des österreichischen und weimarischen Gesetzes mit dem Entwurfe wird man finden, daß das erstere mit dem Entwurfe (der dem Gesetz vom 22. Mai soweit gleichlautet) insofern übereinstimmt, als alles Oberflächeneigenthum, das nur zu dem Zwecke eines Bergbaurechtes dient, auf dem Berghypothekenbuchsfolium Rubr. I. eingetragen und auf die Zeit der Dauer des Foliums im Bergbuche aus dem bürgerlichen Hypothekenbuche ausgeschieden wird.

Das weimarische Gesetz hält von Anfang an das Folium für das Bergbaurecht von den Zubehörungen getrennt. Diese Art der Benutzung der Hypothekenbücher ist auch nach dem sächsischen Gesetze vom 6. November 1843 nicht unbekannt, da z. B. eine Apothekengerechtsame, die nicht an die Ausübung in einem bestimmten Grundstücke, sondern nur an den Ort gebunden zu sein pflegt, gewöhnlich ein Folium, und auch das Haus, in dem sie ausgeübt wird, ebenfalls ein solches für sich hat. In solchem Falle kann auf jedes Folium für sich und auch gemeinschaftlich mit dem andern irgend welcher Eintrag geschehen, z. B. auch das Haus ohne Rücksicht auf die Gerechtigkeit verkauft und zu Ausübung der letzteren ein anderes gekauft werden, ohne daß erst eine Trennung der Gerechtigkeit vom Hause nothwendig wäre, was geschehen müßte, wenn das Haus als Zubehör der Gerechtsame eingetragen worden wäre.

Von diesem Gesichtspunkte aus betrachtet, würde sich die Trennung der Folien für das Bergbaurecht und für die zu Bergwerkszwecken aufgerichteten Gebäude und erworbenen Parcellen empfehlen, es ist aber zu erwähnen, daß in das Ortshypothekenbuch nur diejenigen Oberflächenräume, die expropriirt sind und ebenso die auf solchen errichteten Gebäude, nicht aber solche Räume, deren Benutzung zu Bergwerkszwecken nur auf § 121 sub 2, 3 des Entwurfs sich gründet, aufzunehmen sind.

In das Berghypothekenbuch würden — nach Anleitung der Ausführungsverordnung vom 16. December 1851 — Rubrik I. folgende Einträge zu schreiben sein:

a) der Name des Bergwerkseigenthums und dessen Bezeichnung seiner Gattung, z. B. Fundgrube, Stollen ꝛc.,

b) die Größe des Grubenfeldes nach Maaßeinheiten,

c) die Pertinenzen des Berggebäudes als: die nach § 121 des Entwurfs sub 2, 3 erwähnten Nutzungsrechte, resp. Servituten an Grundstücken mit Bezeichnung deren Flurbuchnummern und des Folii des Orts- Grund- und Hypothekenbuchs, in dem sie eingetragen sind, ferner bergmännische Hülfsanlagen auf fremdem Grund, Wasserrechte (s. § 50 des Entwurfs) und alle auf solchem fremden Grund und Boden errichteten Gebäude ꝛc.,

d) der Ort, in dessen Flur das Berggebäude sich befindet, und die Orte, über deren Fluren die gemutheten Grubenfelder sich erstrecken,

e) die Brandcataster-Nummern des betreffenden Ortscatasters der Gebäude, die auf den erpachteten servitutpflichtigen Grundstücken stehen,

f) Reallasten oder Dispositionsbeschränkungen.

Zugleich wären die Folien der Orts- Grund- und Hypothekenbücher anzuziehen, auf welchen (oder das einzelne, auf welchem) das hauptsächliche Bergwerksetablissement eingetragen ist, und außerdem hinsichtlich der servitutpflichtigen Parzellen (§ 121 sub 2, 3) auf dem betreffenden Folio Rubrik I. des Ortshypothekenbuchs die Vormerkung der Gehörigkeit der betreffenden Parcellen zu Bergwerkszwecken zu machen. Nach dem Gesetze vom 6. November 1843 sind zwar Servituten nicht einzutragen, es würde sich aber diese Eintragung empfehlen.

Im Orts-Grund- und Hypothekenbuche würde ein Folium für das Bergwerksetablissement, gehörig zur Grube N. N. siehe: Berghypothekenbuch Fol. ꝛc. zu errichten sein; da in das letztere nicht der expropriirte Grund und Boden eingetragen würde, so hörte es auf, Grundbuch zu sein, und könnte kurz: „Berghypothekenbuch" genannt werden. Für ten Fall, daß die zu dem Berggebäude gehörigen Immobilien in verschiedener Flur und in mehreren Gerichtsbezirken liegen, würde das Folium in dem Buche desjenigen Ortes anzulegen sein, in dem die Hauptbestandtheile an Oberflächenbesitz und errichteten Baulichkeiten sich befinden; die anderen expropriirten oder gekauften Immobilien würden, wenn sie nicht ein besonderes Folium haben, von dem betreffenden Folio ab- und dem Hauptfolio zuzuschreiben sein; die Größe der Immobilien, welche ein besonderes Folium allein haben, aber zu Bergwerkszwecken benutzt werden sollen, würde es in einem Falle vielleicht räthlich machen, besondere Folien bestehen zu lassen, da in der Zahl der Folien, die in der Hand eines Besitzers und bezüglich zu einem Zwecke vereinigt sind, gar kein Hinderniß liegt. Bei Parcellen, die besondere Folien haben, muß nach § 156 des Gesetzes vom 6. November 1843 auf allen Folien die Gehörigteil zu der Grube N. N. (Folium des Berghypothekenbuchs des Gerichtes N. N.) bemerkt sein.

Das Bergbuch und die Folien der Ortshypothekenbücher müssen soweit auf einander verweisen, daß die Rubrik I. des Bergbuchs der Index der zu dem Bergwerke gehörigen Zubehörungen ist, auf welchen Folien der Orts-Grund- und Hypothekenbücher dieselben zu finden sind, wogegen auf dem Folium des Orts-Hypothekenbuchs zu ersehen sein wird, was zur Oeffentlichkeit der Bücher erforderlich ist, daß das betreffende Grundstück Zubehör zu dem Bergwerke N. N. ist.

Wenn sich sonach diese Trennung der Berghypotheken- und Orts-Grund- und Hypothekenbücher zu empfehlen scheint, so würden anderer Seits, wenn die Berghypothekenbücher doch in der durch das bisherige Gesetz eingeführten Ordnung geführt werden sollen, folgende zu Brauchbarkeit derselben erforderliche Bestimmungen zu treffen sein. Die Eintragung könnte nur mit der Wirkung geschehen, daß die bisher in dem Orts-Grund- und Hypothekenbuche eingetragenen Parcellen, Gebäude 2c. nicht Pertinenz des Bergbaurechtes würden. Das Gesetz vom 6. November 1843 enthält keine Bestimmung, welche diese Einrichtung zulässig erscheinen ließe. Das Verhältniß des Bergbaurechtes zu dem mit ihm in Gemäßheit des Berggesetzes zu verbindenden Grundbesitze ist ein außergewöhnliches, nur dem Bergbau gehöriges, nur für das Berg-Grund- und Hypothekenbuch gültig und zulässig. Die Einrichtung der Rubrik I. des Berg-Grund- und Hypothekenbuchs würde nun analog den Bestimmungen des § 154 des Gesetzes vom 6. November 1843 zu erfolgen haben, es müßte aber von der doppelten Bedingung, daß die Parcellen unter einem und demselben Rechtstitel erworben und unter der Gerichtsbarkeit einer und derselben Grund- und Hypothekenbehörde liegen, abgesehen, und eine diesfallsige Bestimmung, die dem Gesetze vom 6. November 1843 derogirte, in das Berggesetz aufgenommen werden.

Es würden sonach das Bergbaurecht mit seinen Anhängen unter A. und die Immobilien, Gebäude 2c. unter B. als zwei getrennte Complexe eingetragen werden können. (Vergl. Siegmann, das sächsische Grund- und Hypothekenrecht, S. 289.) Die a. a. O. angezogene Verordnung des Justizministerii vom 23. Juni 1845 wird, da sie nicht in der Gesetzsammlung aufgenommen ist, ein Hinderniß nicht sein können und würde auch durch anderweite Verordnung dahin restringirt werden können, daß sie nicht auf das Berggesetz Anwendung leide.

Unter A. würden die Positionen aufzunehmen sein, die allein zu dem Bergbaurechte gehören und mit dem Erlöschen desselben ihre Existenz verlieren. Es würden sein:

a) der Name der Grube,
b) die Zahl der Maaßeinheiten,
c) die Namen der Orte, über deren Fluren das Grubenfeld sich erstreckt, bei Kohlen und Kohlenabbaurechten die Nummern der Folien des Ortshypothekenbuchs, resp. der einzelnen Parcellen, unter denen das Abbaurecht erworben,
d) die Parcellen, an denen dem Bergbauenden nach § 121 sub 2, 3 des Entwurfs dingliche Rechte zustehen,
e) Wasserrechte, die nur zu Bergwerkszwecken auf dem Wege der Muthung oder des Vertrags eingeräumt sind, und sonstige bergmännische Hülfsbaue,
f) Reallasten (s. § 52, 53).

. Hierauf folgten unter B. als selbstständiger Grundstückscomplex die expropriirten Parcellen, Güter, Grundstücke und Gebäude mit den Parcellen- und Cataster-Nummern, ferner den betreffenden Oblasten und Dispositionsbeschränkungen oder Rechten, welche Gegenstand des Eintrags auf Rubrik I. sein können. Diese Einrichtung des Hypothekenbuchs würde folgende Wirkungen und Bedingungen haben:

1) das Bergbaurecht kann erlöschen, ohne daß zugleich das Folium geschlossen werden muß; das Erlöschen wird Rubrik I. zu A. eingetragen;

2) die Parzellen und Grundstücke sind in diesem Falle entweder im Ganzen oder Einzelnen in das betreffende Ortshypothekenbuch überzutragen; die nähere Ausführung ist durch die Vereinigung mit den Hypothekarien bedingt;

3) die in § 55 des Entwurfs erwähnten Betriebsvorschüsse bleiben im Hypothekenbuche ungelöscht und gehen „als Beschwerungen des Bergbaurechts" auf den nächsten Erwerber über; die mit dem in § 55 ausgesprochenen Vorzugsrecht nicht versehenen übrigen Hypotheken erlöschen, soweit sie auf dem Bergbaurechte geruht haben, und sind als dingliche Lasten der Zubehörungen in das Ortshypothekenbuch zu übertragen;

4) erst nachdem aus dem Berghypothekenbuche die sub B. in Rubrik I. aufgeführten Grundstücke ꝛc. vollständig ausgeschrieben sind, wird das Folium geschlossen.

Eine dritte Form der Eintragung läßt sich bei den Berggebäuden finden, die auf Grund des von dem Grundeigenthümer erworbenen Abbaurechtes errichtet und betrieben werden. Dieser Form ist zur Zeit ebenfalls noch nicht in dem Entwurfe erwähnt, sie dürfte aber für den von dem Grundeigenthum abgeleiteten Bergbau die passendste Form sein, und es würde nicht das Bedenken entgegenstehen, dessen Otto mit einem gewissen Grauen S. 51 erwähnt, daß ein Bergbaurecht nicht Pertinenz eines Grundstücks sein könne. Die Kohlenabbaurechte, sowie beziehentlich Kalkabbaurechte erstrecken sich unter weit größere Strecken, als das Oberflächeneigenthum reicht, das bei einem Kohlen- und Kalkbergwerke vorhanden ist. Dieses Oberflächeneigenthum, das vielleicht auch aus vielen einzelnen zusammengekauften Parcellen und Grundstücken besteht, erhält sehr oft eher ein Folium im Grund- und Hypothekenbuche des betreffenden Ortes, als ein Folium für das betreffende Abbaurecht angelegt werden könnte, wozu erst der Nachweis der Kohlenführung verlangt wird, und in solchem Falle können die Kohlen, resp. Kalkabbaurechte, soweit sie sich weiter als über das Oberflächeneigenthum hinaus erstrecken, zu dem sie an sich gehören, als Zubehör zu dem Grundbesitz hinzugeschrieben werden, nachdem erst auf den betreffenden Folien deren Abtrennung von den Grundstücken, unter denen sie sich erstrecken, eingetragen worden. In solchem Falle würde die Eintragung des Kohlen- oder Kalkbergwerkes im Berghypothekenbuche gar nicht erforderlich und ausführbar sein, da das Folium nicht für das Bergbaurecht angelegt worden ist, nach dem Berggesetze aber nur solche Bergwerke in das Berghypothekenbuch kommen sollen, bei denen das Folium für das Recht angelegt ist.

Diese letztere Form dürfte für den nichtmetallischen Bergbau eine sehr leicht anwendbare sein, und wird die Auflösung des Besitzthums da weniger Schwierigkeiten unterliegen. Dagegen ist aber nicht zu läugnen, daß dadurch die Einheit des Berghypothekenbuches gestört werden würde, und es wäre wünschenswerth, die Ansicht der Hohen Staatsregierung über die Zulässigkeit dieser Form im Laufe der ständischen Berathung kennen zu lernen.

Die Bestimmung in § 52, der Vorschrift von § 73 des bürgerlichen Gesetzbuches entsprechend, bricht vollständig mit den bisherigen Ansichten, daß die Ausbeute eines Kuxes Substanzqualität haben sollte. Es ist nun keinem Zweifel unterworfen, daß das Berggesetz, gemäß dem von ihm ausgesprochenen Fundamentalgesetze, die Bestimmung des § 73 des Civilgesetzbuches annehmen muß, es ist aber nothwendig, die Eigenthümlichkeit der bergmännischen Haushaltung und die bei derselben eingeführte Rechnungsweise zu berücksichtigen. Die Bergwerke, welche Gewerkschaften gehören und die also die Kuxe als Betheiligungseinheit heben, verwenden zunächst alle Revenüen, um die Zubußen, die von den Gewerken gegeben worden sind, zu ersetzen, oder, wie sie sich ausdrücken, den Verlag wieder zu erstatten; erst nach dessen vollständiger Erstattung werden die weiteren Revenüen als sogenannte Ausbeute vertheilt. Diese Rechnungsweise ist z. B. den Actiengesellschaften ganz fremd, es fällt ihnen nicht ein, zuerst von den Revenüen den Capitalbetrag der Actien zurückzuzahlen, und erst, wenn dieses Ziel erreicht ist, Dividende zu ertheilen; da die Rechnungsweise aber einmal existirt und den Kuxen eigenthümlich ist, so kann die Zurückerstattung des gezahlten Capitals nicht zu den Früchten gerechnet werden. Das Berggesetz hatte demnach, um das bürgerliche Gesetzbuch mit dem den Kuxen eigenthümlichen Wesen zu vereinen, zu bestimmen, daß bei den Kuxen nur „die Ausbeute" als Nutzung und Frucht gelten könne, so lange noch die Nutzungen zur Zurückzahlung des Verlags dienen, so daß diese Zahlungen als Capitalrückzahlungen anzusehen sein wären.

Der § 52 würde daher, wenn die Kuxe noch beibehalten werden sollen, auf erster Zeile hinter dem Worte: „Nutzungen" die Einschaltung: (sogenannte Ausbeute) enthalten können, wodurch die Anwendung des § 52 auf den wiedererstatteten Verlag ausgeschlossen würde.

Die Bestimmung § 53 alinea 2 ist dem bürgerlichen Gesetzbuch §§ 510, 511 nachgebildet; wegen der Rückstände fehlt aber die Beziehung auf § 417, wonach solche im Falle des Concurses oder der Zwangsversteigerung — ohne Rücksicht auf die Person des Besitzers des verpflichteten Grundstücks — auf die letzten 3 Jahre gefordert werden können; diese Bestimmung ist insbesondere mit Rücksicht auf das nach Abschnitt X. des Entwurfs vorgeschriebene Verfahren im Interesse des Berechtigten erforderlich.

Hierüber ist zu vermissen, daß in § 56, welcher eben so gut für verliehenen Metallbergbau, als nichtmetallischen Bergbau Geltung haben soll, in Pos. 2 die in §§ 52, 53 erwähnten Gegenleistungen, da sie Reallasten sein sollen, neben den Abgaben nicht aufgeführt sind. Die Motiven geben über die Bestimmungen keinen Aufschluß, es ist aber kein Grund ersichtlich, diese als Reallasten anerkannten Gegenleistungen von der Befriedigung in gleichem Range mit den Abgaben auszuschließen.

In § 56 ist nur der Concurskosten gedacht, die von der Masse abgezogen werden sollen; abgesehen davon, daß dieser Begriff sehr allgemein ist, schließt er nicht alle Kosten, die zu berücksichtigen sind, und zwar ohne Unterschied, ob die Subhastation inner- oder außerhalb des Concurses stattfindet, ein. Die Bestimmungen in § 56 sind dergestalt zu trennen, daß von der Licitationsgeldermasse in jedem Subhastationsfalle die durch Schätzung und Sequestration und Subhastation erwachsenen, und durch die fernere Ordnung der Ansprüche an die Licitalmasse und Vertheilung der letzteren erwachsenden Kosten zu tragen sind; für den Concursfall würden noch besonders die Concurskosten, die, soweit sie nicht mit den vorerwähnten zusammenfallen, von der hypothekarischen Masse zu tragen wären, zu erwähnen sein.

Zu den Sequestrationskosten würden unter allen Umständen die oben erwähnten Wasserhaltungskosten zu rechnen sein; denn es dürfte für den Werth eines Bergwerks eine Lebensfrage sein, daß dessen unterirdische Baue nicht ersaufen, weil sonst alle und jede Möglichkeit den Bietungslustigen genommen wird, sich vor dem Feilbietungstermine selbst oder durch Sachverständige von dem möglichen Werthe des Werkes zu überzeugen. Die ganze oft bedeutende Summe, welche die Ingangbringung eines ersoffenen Baues dem Erwerber kostet, rechnet natürlich ein Bieter, wenn sie überhaupt nicht alle Bieter abschreckt, jedenfalls vom Kaufschilling, den er bietet, doppelt ab, wodurch große Verluste entstehen.

Die Frage, ob das Werk überhaupt der Fortstellung werth, und daher ein Verkauf desselben zu erwarten sei, ob die Aufwendung von Wasserhaltungskosten nicht eine möglicherweise unnöthige Ausgabe fordern, deren Restitution kaum zu erwarten sein würde, oder ob die Kosten nur verhältnißmäßig zu nennen sein würden, und deren Aufwendung gerathen wäre, ist von der Bergbehörde unter Zuziehung der hauptsächlichsten Gläubiger, resp. des Besitzers oder Sequesters, zu erwägen und zu beantworten. Als Forderung der Billigkeit wäre aber die weitere Bestimmung aufzunehmen, daß diese Sequestrationskosten nicht von der Masse vornweg abgezogen würden, weil sonst sowohl die letzten Hypothekarier, als auch die letzten Classen der Chirographarier solche allein zu tragen hätten; sie müßten nothwendig, je nach dem Falle, nicht nur zwischen den Massen, sondern auch antheilig unter die Percipienten nach Höhe der Forderung vertheilt werden, sodaß auch die bevorzugten Gläubiger beitragen müssen.

Für den Fall der Versteigerung außerhalb des Concurses, resp. ohne vorhergegangene Execution, empfiehlt sich die Aufnahme der Bestimmung in § 261 des österreichischen Berggesetzes alinea 3 in den Entwurf, daß der Besitzer persönlich für den Ersatz der durch das gepflogene Verfahren entstandenen Kosten verantwortlich bleibe; insofern diese Bestimmung Actiengesellschaften gegenüber nicht anwendbar sind, da deren Mitglieder nicht persönlich für irgend welche Schulden der Gesellschaft gehalten sind, würden in solchem Falle die bekannten hypothekarischen und bedeutenden chirographorischen Gläubiger, als die zunächst interessirten Personen, zu fragen sein, und zur Bestreitung der Kosten, vorbehältlich der Restitutionsansprüche an die Gesellschaft, sich verbindlich zu machen haben, und müßte in dieser Beziehung ein Majoritätsbeschluß auch den Renitenten gegenüber bindend sein, damit die Ersteren zu Gunsten der Letzteren nicht Opfer zu bringen haben.

Es dürfte nicht überflüssig sein, den Wunsch auszusprechen, daß in dem Berggesetze, dem ja neben dem bürgerlichen Gesetzbuche in letzterem eine besondere Geltung vorbehalten worden ist, ähnlich der Bestimmung des § 121 des österreichischen Berggesetzes hinsichtlich der Executionen in Bergwerkszubehör, außerhalb des Falles des Concurses und der gleichzeitigen Zwangsversteigerung der Immobilien, beschränkende Bestimmungen ausgesprochen würden, die die Anwendbarkeit der Grundsätze in § 69 des bürgerlichen Gesetzbuchs ausdrücklich bestätigten, und durch die auch besonders für den Fall der Zwangsversteigerung festgestellt würde, welche Geräthschaften u. s. w. mit dem Bergwerkseigenthum als einem Ganzen zur Versteigerung kommen sollten.

Für die Art und Weise, in welcher die einer Zwangsversteigerung vorhergehende Consignation und Taxation eines Bergwerkseigenthums vorzunehmen sei, fehlen die Bestimmungen, während, wie die bisherigen Erfahrungen bei Versteigerungen und Bergwerken bewiesen haben, die verschiedenartigste Praxis dabei beobachtet worden, daher die erforderliche Gleichheit der Grundsätze gar nicht vorhanden ist. Es sind dem Verfasser Fälle bekannt geworden, wo die Taxation sich nur auf die Oberflächengebäude erstreckt, aber den möglichen Werth des Bergbaurechts und Bergwerks gar nicht berücksichtigt hat.

Das Berggesetz hat keine Bestimmung über das weitere Verfahren gegeben, wenn ein Gebot im Subhastationstermine für das Bergwerkseigenthum nicht gethan worden ist. Es fehlt ferner eine Bestimmung über die Art der Versteigerung von Berggebäuden, die auf einem Folium nicht eingetragen sind, weil für das Bergbaurecht im Berghypothekenbuche kein Folium angelegt war.

Im Interesse des Bergbaues und des dem Eigenthum und den Rechten eines Dritten daran zu gewährenden gesetzlichen Schutzes scheinen über folgende Punkte nähere Bestimmungen nothwendig, und vielleicht durch Ausführungsverordnung zu normiren.

1) Wenn in dem Subhastationstermine Niemand auf das gesammte Bergwerkseigenthum, also das Bergbaurecht und die Berggebäude nebst Zubehör, ein Gebot gethan hat, oder nur solche geringe Gebote gethan worden sind, daß nicht einmal der Grundwerth der Grundstücke und der Materialwerth der Baulichkeiten und Maschinen gedeckt wird, so ist auf Antrag des Besitzers oder eines hypothekarischen Gläubigers der Zuschlag auszusetzen, resp. die Löschung des Bergbaurechtes noch zu verschieben, und ein zweiter Licitationstermin anzuberaumen, in welchem das Bergwerkseigenthum auf doppelte Art zum Ausgebot gebracht wird, einmal als Ganzes, und wenn hierauf kein Gebot geschieht, kommen die Taggebäude, Maschinen, Werkzeuge rc. ohne das Bergbaurecht zum Ausgebot. Das durch die zweite Versteigerung erlangte Gebot ist, auch wenn von demselben die Taxe weder des Bergwerkseigenthums im Ganzen, noch der Zubehörungen erreicht wird, endgültig. Darüber, in welcher Reihenfolge, in welcher Zusammenstellung die vielleicht auf getrennten Follen eingetragenen Zubehörungen ausgeboten, ob sie im Ganzen oder eventuell auf den Abbruch versteigert werden, hat die Bergbehörde im Einvernehmen mit dem Besitzer, resp. dem Massenvertreter oder Hypothekariern vor dem Feilbietungstermine Bestimmung zu treffen, beziehentlich dieselbe im Termine, je nach den durch die Bieter ausgesprochenen Wünschen, zu modifiziren.

2) Bergbaurechte und die dazu gehörigen Berggebäude können, auch wenn für das erstere kein Folium angelegt und vorhanden ist, Gegenstand der Versteigerung sein; über das Verfahren gilt dasselbe, was sub 1 gesagt ist.

Die Motiven zu

§§ 172, 173

erwähnen drei Arten des Erlöschens des Bergbaurechtes:

1) wenn es von dem Berechtigten ausdrücklich aufgegeben oder
2) wenn es ihm durch Erkenntniß der Behörde entzogen wird,
3) wenn bei einer im gewöhnlichen Executionswege eintretenden Zwangs=versteigerung ein Gebot nicht gethan wird.

Diesen Fällen ist aber noch ein weiterer hinzuzufügen, nämlich bei Kohlen= und Kalkabbaurechten:

4) wenn auf Grund der cassatorischen Clausel, deren Eintritt in den meisten derartigen Veräußerungsverträgen für verschiedene Eventualitäten stipulirt ist, das Bergbaurecht wieder dem Grundbesitzer zufallen soll.

Dieser Fall ist in dem Gesetz zu erwähnen.

Das Verfahren ist verschieden, je nachdem der Abbauberechtigte die Wirkung der cassatorischen Clausel anerkennt oder nicht; wird das Anerkenntniß verweigert, so sind Parteien auf den Rechtsweg zu verweisen, und erfolgt die Entscheidung zum Nachtheil des Abbauberechtigten, so kann der Fall des Verlustes in Folge der cassatorischen Clausel dem der Entziehung durch ein Erkenntniß gleichgeachtet werden. Wird der Eintritt der cassatorischen Clausel anerkannt, so ist das Bergbaurecht als freiwillig aufgegeben anzusehen.

Als Zusätze würden sich ferner zu §§ 172, 173 die Bestimmungen anempfehlen:

a) Daß außer der öffentlichen Bekanntmachung noch an die hypothekarischen Gläubiger, die im Berghypothekenbuche, resp. dem Ortshypothekenbuche eingetragen sind, sowie bezüglich der Kohlen= und Kalkabbaurechte den Grundeigenthümern, von denen diese herrühren, besondere Notificationen erfolgen.

b) Dem Besitzer eines Kohlen= oder Kalkbergwerkes, als Inhaber der Ab=baurechte, steht in einem Falle das Recht zu, den Fortbetrieb zu sistiren, ohne das Recht aufzugeben; er hat diesfalls der Berghauptmannschaft nur anzuzeigen, daß er den Abbau resp. Betrieb des Werkes schließe; aus dieser Erklärung, folgt aber nicht die Auflassung des Rechtes. Wenn nämlich das Abbaurecht ohne alle Bedingung gegen eine einmalige baare Abfindung von dem Inhaber erworben ist, liegt kein Grund vor, den letzteren zu nöthigen, daß er das Recht freiwillig aufgebe; er ist berechtigt, den Betrieb bis auf Weiteres zu sistiren; ein Zwang könnte von der Berghauptmannschaft nicht dahin ausgeübt werden, daß das Recht aufgegeben werde.

Selbst bei dem Eintritt einer Zwangsversteigerung verbleibt in solchem Falle das Abbaurecht, wenn darauf kein Gebot gethan wird, dem Inhaber, und werden nur die Zubehörungen versteigert.

c) Die Bestimmungen der §§ 173, 174 a. E. sind daher in dieser Allgemeinheit unmöglich.

Das Abbaurecht, das titulo oneroso von dem Käufer erworben wird, kann demnach überhaupt nur bedingungsweise an den Grundeigenthümer zurückfallen.

Es ist zu unterscheiden, welcher Art die Bedingungen der Erwerbung des Abbaurechtes gewesen sind, und wird daher nicht eine gleiche gesetzliche Verfügung für alle Fälle getroffen werden können.

Ist
1) das Abbaurecht gegen einmaliges Entgelt in festes Eigenthumsrecht des Käufers übergegangen, bleibt er Besitzer desselben, auch wenn er den Betrieb, resp. Bau aufgiebt.

Das Abbaurecht kann nicht zurück an den Grundbesitzer fallen, es bleibt dem Inhaber, und ihm steht es frei, im gelegenen Falle es weiter zu veräußern; will er, wonach die Bergbehörde ihn fragen kann, es freiwillig zurückgeben, so hat der Grundbesitzer diese Erklärung, wie er will, zu acceptiren oder nicht.

2) Ist das Abbaurecht nur gegen Abentrichtung einer der Dauer und dem Umfange nach unbestimmten, sich nach der Größe des Erfolges richtenden, fortlaufenden Entschädigung — Zehnte, Ruthenzins, Scheffelzins u. s. w. — von dem Grundbesitzer abgetreten, so kann eine Aufgabe des Rechts nur mit Einwilligung des letzteren, und nur in Gemäßheit des Vertrags geschehen. Die Verträge werden in dieser Beziehung am geeignetsten sein, die einzelnen Fälle besser als das Gesetz zu berücksichtigen, das nicht in specielle Casuistik sich einlassen kann. Die Bergbehörde hat daher zunächst von einer etwaigen Erklärung des Abbauberechtigten den oder die Grundbesitzer in Kenntniß zu setzen. Wenn der Vertrag keine klaren Bestimmungen enthält, so sind Erklärungen und Anträge der Grundbesitzer abzuwarten; in beiden Fällen ist die in § 173 vorgeschriebene Bekanntmachung vorzubereiten und, im Falle die Grundbesitzer innerhalb der gesetzten Frist solche nicht abgeben, auf Antrag der Abbauberechtigten zu erlassen.

Der Grundbesitzer kann in dem Falle unter 1, wenn er nicht Gläubiger ist, gar nicht, in dem Falle unter 2. aber, wegen seines Interesses an dem Fortbau und der Uebernahme des Baues durch einen Dritten, selbst auf Subhastation antragen.

Wenn weder die Subhastation beantragt, noch in derselben ein Gebot erlangt wird, fällt nur in dem Falle unter 2. das Abbaurecht an den Grundbesitzer zurück; das Gleiche tritt bei einer gewöhnlichen, im Executionswege vorgenommenen Zwangsversteigerung ein.

Zu § 173 ist ein Zusatz zu machen, daß dessen Bestimmungen sich auf das käuflich und in festes Eigenthum erworbene Abbaurecht nicht beziehen, überhaupt bei den vertragsmäßigen Abbaurechten zunächst den Bestimmungen der Verträge nachgegangen werden soll.

d) Die Notification an die Grundbesitzer könnte theils durch Patent, theils in Fällen, wo die Anzahl zu groß ist, durch Edictalladungen, gesondert von den Bekanntmachungen, durch welche unbekannte Gläubiger aufgefordert werden, geschehen.

Das weimarische Gesetz enthält noch einige Bestimmungen, deren Aufnahme im Interesse der Wiederaufnahme des verliehenen Bergbaues von Interesse sein dürfte:

aa) Das Gesetz verbietet, unter Anlehnung an das österreichische Berggesetz, die Wegnahme der in den Grubenbauen angebrachten Vorrichtungen, an Gruben-Mauerung und Zimmerung, Versatzkästen, Verdämmungen und anderer Versicherungsmittel, und

bb) erstreckt daher die neue Verleihung desselben Grubenfeldes an Nachfolger soweit auf diese Gegenstände mit, als sie noch vorhanden sind;

cc) es untersagt die Wegnahme aller Vorrichtungen, welche die Wiederaufnahme der Grube unverhältnißmäßig erschweren würde; es schreibt

dd) überhaupt vor, daß die ganzen Vorrichtungen an dem aufzulassenden Baue nur so, wie es die Vorschriften der Bergbehörde erfordern, weggenommen würden.

Diese positiven Vorschriften, insbesondere das vorbeugende Einmischen der Bergbehörde, dürfte eine größere Sicherstellung gewähren, als die Bestimmung § 175, daß der Grubenbesitzer zu den erforderlichen Wiederherstellungen und zum Ersatze des Schadens verbunden sein soll, da in den meisten und schwersten Fällen die Wiederherstellung gar nicht möglich, und der Schadenersatz so groß sein möchte, daß er nicht zu erlangen ist. Endlich hat

ee) das weimarische Gesetz die Vorschrift § 177 des sächsischen Entwurfs mit ausdrücklichen Worten auch auf die ungangbaren Halden nicht auflässiger Gruben ausgedehnt, worüber die Stellung des § 177 zu dem ganzen Abschnitt, der nur von auflässigen Gruben handelt, in Zweifel lassen kann, während die Motiven zu diesem Paragraph ebenso für auflässige als nicht auflässige Gruben Geltung haben möchten.

Die Bestimmung des § 183 des weimarischen Gesetzes, daß diejenigen zu Bergbauzwecken bestimmt gewesenen Grundstücke, Gebäude, Halden und zu Tage befindlichen Anlagen einer zu Bergbauzwecken gebildeten Corporation, über die nach erfolgter Auflassung ihres Grubenfeldes binnen 2 Jahren nicht anderweit verfügt wird, als herrenlos dem Fiscus anheim fallen, widerspricht dem von demselben Gesetze ausgesprochenen Grundsatze, daß diese Gegenstände nicht zum Bergwerkseigenthum gehören, der Bergbehörde und dem Bergrecht daher gar nicht unterworfen sind. Diese Bestimmung ist ganz anomal, da Privateigenthum, das im Grund- und Hypothekenbuche als Besitzthum einer Corporation eingetragen ist, nicht herrenlos werden kann, selbst wenn die Corporation, die zu Zwecken des Bergbaues zusammengetreten ist, nicht mehr diesen betreibt, weil sie auch nach dem Aufhören dieses Zweckes immer Civileigenthümerin der zum Civileigenthum gehörenden Grundstücke bleiben muß. Abgesehen davon, daß dieser Fall schwerlich eintreten wird, so könnte die politische Behörde lediglich aus polizeilichen Gründen nur dann einschreiten, wenn die Anlagen der Caducität verfielen und deren Abbruch daher aus polizeilichen Rücksichten erforderlich würde. Liegende Gründe könnten von einer solchen Maßregel gar nicht getroffen werden, da sie eben im Grund- und Hypothekenbuche eingetragen sind, und wegen Gebäuden u. s. w. würde die Polizeibehörde, wenn Strafauflagen wegen mangelnder Vertretung nicht behändigt werden können, das Recht haben, Sequestration eintreten zu lassen, durch Edictalerlasse das vorstehende Einschreiten unter der Verwarnung anzudrohen, daß die Anlagen, Gebäude ꝛc. auf den Abbruch versteigert würden, und der Erlös, wenn sich Berechtigte nicht meldeten, zu Jedermanns Recht in das gerichtliche Depositum gezahlt werden müßte, und erst dann, wenn in Folge anderweiten, nach Ablauf der ordentlichen Verjährungsfrist von der Gerichtsbehörde einzuleitenden Edictalverfahrens Niemand zu dem Erlöse sich meldete, würde mit dem Deposito nach den Gesetzen zu Gunsten des Fiscus verfahren werden können.

Die Bestimmungen § 175 scheinen überhaupt nicht ganz gleich für den verliehenen und den vertragsmäßigen Bergbau sein zu können. Der Bergbauberechtigte letzterer Art kann im Allgemeinen weniger beschränkt werden, als es dem Gesetze für den verliehenen Bergbau möglich ist, es dürfte auch sogar bei dem vertragsmäßigen Bergbau das Recht des Bergbauberechtigten, was durch Kauf fest erworben ist, noch weiter gehen, als das, welches bedingungsweise wieder an den Besitzer zurückfallen kann. Der erste sächsische Entwurf, welcher den

Bergbauinteressenten zur gutachtlichen Auslassung vorgelegt wurde, enthielt auch in § 191 (der dem § 175 des jetzt vorliegenden Entwurfs entspricht) die oben unter cc. erwähnte Bestimmung des weimarischen Gesetzes, daß unverhältnißmäßige Erschwerung der Wiederaufnahme zu vermeiden sei, und es ist dieselbe auf Remonstration der Kohlenbergbauinteressenten jetzt weggelassen; sie könnte mit Beschränkung auf den verliehenen Bergbau aber füglich aufgenommen, und zur nähern Präcisirung in § 175, mit Hinweis auf die Verschiedenheit des vertragsmäßigen Bergbaues, besonders in den Fällen der bedingungsweisen Ueberlassung des Abbaurechtes, gesagt werden, daß die Bestimmungen im Allgemeinen gefaßt seien, und durch Verträge weitere Beschränkungen aufzuerlegen vorbehalten sei.

Die größte Anerkennung wegen seines freien Standpunktes verdient der Entwurf insbesondere in Folge der Aufhebung des Bergreservates, das, wie dem Verfasser bekannt geworden ist, in manchen Fällen zu einer gewaltsamen Vernichtung fremden Eigenthumsrechtes führen konnte. Denn dasselbe bestand in nicht wenig Fällen, ausdrücklich auch in solchen, wo es zu fiscalischen Zwecken geltend gemacht werden konnte, in dem Rechte, die Zurückgabe des Grund und Bodens nebst den darauf etwa erbauten Gebäuden ohne alle Entschädigung von dem Besitzer zu verlangen, sowie der Grund und Boden zu bergmännischen Zwecken gebraucht werden sollte. Es ist dem Verfasser auch ein — zugleich in den Bereich des § 157 des Entwurfs kommender — Fall bekannt, daß das zu einem Mühlengrundstücke, das auf mit dem Bergreservate behafteten Grund und Boden erbaut worden, gehörende Wasser, weil die Mühle an einem Graben liegt, in den Bergwässer aus verschiedenen Gruben abfließen, in nächster Zeit der Mühle ganz weggenommen werden wird, weil die oberhalb der Mühle liegenden fiscalischen Werke dessen bedürfen werden. Nach dem Wortlaute des betreffenden Rescripts geht nun das Bergreservat nicht sowohl auf die unentgeltliche Entziehung des Wassers, als auch auf die Zurückforderung des Grund und Bodens, auf dem die Mühlengebäude errichtet sind. Zu letzterem Falle der Enteignung des Oberflächeneigenthums liegt zwar kein drängender Grund, es liegt aber doch das Recht des Bergreservats vor.

Der Verfasser findet als einen Act der Billigkeit es nothwendig, daß in dem Berggesetze die unentgeltliche Aufhebung aller bestehenden Bergreservate ausgesprochen und deren Löschung in den betreffenden Grund- und Hypothekenbüchern angeordnet werde. Das Bestehen der Reservate, wenn sie gegen Entgelt nur geltend gemacht werden können, hat keinen Nutzen, da in den §§ 121 — 123 des Entwurfs die Verbindlichkeit allgemein ausgesprochen worden ist, die durch das Reservat auf das Grundstück aufgelegt werden sollte, und das Gesetz die Entschädigung vorschreibt; in den wenigen Fällen, wo die Enteignung des Grund und Bodens sogar ohne Entschädigung geschehen könnte, würde eine um so größere Härte bei der vollen Geltendmachung des Reservates hervortreten, und es kann um so weniger ein Bedenken vorliegen, auch die ohne Entgelt bestehenden Reservate aufzuheben, als dieselben von aufläsigen Gruben oder von fiscalischem Eigenthum mehrstens herrühren und daher Privatrechten kein Abbruch gethan wird, wenn die Reservate ohne Entgelt, soweit solche noch bestehen, ebenfalls aufgehoben werden.

Der Verfasser beantragt, daß die Aufhebung aller bestehenden Reservate im Berggesetze ausgesprochen und die Bestimmung in Abtheilung X. a. E. aufgenommen werde.

Die Bestimmungen des

Abschnitt III.

sind zum großen Theil technischer und politischer Art, so daß vom speciellen Standpunkte aus wenig Interesse an denselben zu nehmen ist, und es liegt, nachdem die Wünsche der Ständeversammlung von 1858 in Cap. I berücksichtigt worden, kein hauptsächliches Bedenken gegen diese im Uebrigen durch die Praxis und das langjährige Verfahren bewährten Formen vor.

Nur beiläufig ist zu erwähnen, daß, wenn von Vertretern des metallischen Bergbaues zu § 48 des ersten, beziehentlich § 45 dieses Entwurfs, der Antrag gestellt worden, daß die Verleih- und Lehnbücher nicht von den Bergbehörden, sondern von den Grund- und Hypothekenbehörden geführt werden möchten, hierin eine vollständige Verkennung des Zweckes der beiden Bücher liegt, indem diese Bücher als Controlbücher nur von der Bergbehörde, von welcher die Verleihungen einer Seits geschehen, und anderen Seits die bergpolizeiliche Aufsicht geführt wird, gehalten werden können. Die Lehnbücher sollen ja überdies die Unterlage für die zu errichtenden Berg-Grund- und Hypothekenbücher sein, und sind für den Beweis der Existenz eines Bergbaurechtes unentbehrlich. Die Eintragungen verliehener Abbaurechte in die Lehnbücher müssen in jedem Male, und die in die Grund- und Hypothekenbücher können nur auf Antrag der nach Ausweis des Lehnbuchs Bauberechtigten geschehen.

Die Motiven zu

Abschnitt V.

geben die wesentlichen Veränderungen an, die derselbe im Verhältniß zum bestehenden Gesetz vom 22. Mai 1851 erlitten hat, und hat hierbei die Hohe Staatsregierung vielfach den Wünschen der Bergbauinteressenten nach freierer Regung Rechnung getragen.

In letzterer Beziehung sind aber die Anträge auf Aufhebung und Weglaß des § 60 des jetzigen Entwurfs, sowie der Bestimmung in § 72, daß die Arbeiterordnungen der Bestätigung der Bergbehörde unterliegen sollen, unberücksichtigt geblieben, und es findet sich in den Motiven nicht eine Erwähnung der Gründe, aus denen diesen Anträgen nicht hat entsprochen werden können.

Beiderlei Beschränkungen sind in Rücksicht auf die Grundsätze, die dem Gewerbegesetze zu Grunde liegen, gar nicht als nöthig anzusehen. In Gruben, wo die Geldkräfte ausreichen — von den Arbeiten der Alleinbesitzer ist nicht die Rede — werden gewiß so viel Mann aufgenommen werden, als nur irgend der Raum zuläßt; wo kein Geld ist, würde die Bergbehörde auch nicht mit Zwang einschreiten können; die Minimalzahl von Arbeitern, die angelegt werden müssen, ist in dem Gesetze sehr gering normirt und es kann dem Bergbaue eher zum Schaden als zur Aufhülfe dienen, da dieselben Grubenverwaltungen, die, sobald sie auf solche gesetzliche Sanctionirung eines sehr erbärmlichen Betriebes sich nicht stützen könnten, gewiß, um ihre Grube in ein nicht zu klägliches Licht zu stellen, möglichste Anstrengungen machen würden, in Folge des § 63 sich begnügen können, so viel nur zu thun, als das Gesetz von ihnen als nothwendige Minimalleistung fordert.

Die Bestätigung der Arbeiterordnungen durch die Bergbehörden ist ein ganz vereinzeltes Verlangen, und durch die Wichtigkeit der Sache nicht gerechtfertigt. Jeder Fabrik= und größere Grundbesitzer hat das Recht, ohne alle Concurrenz der Behörde, seinen von ihm abhängigen Arbeitern solche Arbeiterordnungen zu geben, und liegt es in seinem Interesse, von der Arbeiterordnung alle Bestimmungen entfernt zu halten, die dem Zwecke nicht entsprechen sollten. Alle diese Ordnungen haben schon bisher im gewerblichen Verkehr bestanden, und findet man daher keinen Grund, bei dem Bergbaue eine Einmischung der Bergbehörde in die Privatverhältnisse von Bergbesitzer und Arbeiter als nothwendig zu achten. Bestimmungen, die gegen klare Gesetze und Verordnungen der Staatsregierung laufen, haben an sich keine Gültigkeit, und werden daher schwerlich aufgenommen werden, andere unnöthige Beschwernisse würden sich selbst rächen, da die Arbeiter in einen übermäßig beschwerten Dienst nicht treten werden.

Der Verfasser kann daher ebenfalls nur die Weglassung der Vorschrift: „die Bergordnung ist der Bergbehörde vorzulegen" beantragen.

Im Uebrigen ist auf die Weite der Bestimmung in § 75 sub Nr. 6 aufmerksam zu machen, die dem Bergbaubesitzer die Möglichkeit zur sofortigen Entlassung eines Arbeiters in die Hand geben könnte, weil keine Grenzen gesteckt sind, innerhalb welcher jede aufgetragene Arbeit liegen muß; die Arbeit kann nämlich eine solche sein, zu der an sich er nicht angenommen, sondern die ihm willkührlich, um zu sehen, ob er sie macht oder nicht, aufgetragen wird; außer der Weite der Bestimmung ist auch noch deren Unbestimmtheit hervorzuheben, es können auch unter der übertragenen Arbeit die gewöhnlichen Dienstvorrichtungen, zu denen er angenommen ist, gemeint sein; es kann ferner die Bestimmung von einer einmaligen Weigerung einer speciell übertragenen Arbeit, endlich auch von einer fortgesetzten Weigerung, die obliegenden Dienstarbeiten zu verrichten, sprechen; die Bestimmung läßt jedenfalls verschiedene Deutungen zu, und dürfte daher dergestalt zu fassen sein:

6) wenn er sich wiederholt und auf besondere Anordnung, aus Ungehorsam oder beziehentlich ohne genügenden Grund weigert, die ihm dienstlich obliegende, beziehentlich speciell aufgetragene Arbeit zu verrichten.

Zu §§ 73, 74 und 78 fehlt die Bestimmung der Behörde, welche zur Bestrafung competent wäre, ob es das betreffende Gerichtsamt als Untersuchungsgericht oder die Bergbehörde sein soll; es entsteht die Frage, ob diese Straffälle zu den in § 84 erwähnten Differenzen zu rechnen sind, und auch wie diese von der Verwaltungsbehörde abzuurtheilen sein sollen. Da die Verwaltungsbehörde nicht stets gleichzeitig die Wohnortsbehörde des betreffenden Angeklagten ist, so würde möglicherweise ein exemter Gerichtsstand hergestellt werden, den die Bergsachen, soweit sie die Person betreffen, nicht mehr haben sollen.

Die Strafbestimmung in § 74 dürfte am besten ganz wegfallen, und nur die Schadenhaftung für ein Zeugniß, wie die Gesindeordnung bestimmt, stehen bleiben. Es ist kein durchschlagender Grund vorhanden, allein für die Bergwerksbesitzer eine Strafe anzudrohen, während weder die Gesindeordnung, noch das Gewerbegesetz dergleichen Vorschriften hat.

Die Vertreter von Bergwerken hatten beantragt, daß die in den Paragraphen angedrohten Geldstrafen den Unterstützungscassen zufließen möchten; es ist aber die Annahme des Antrages nicht thunlich; in diese Cassen können nur Strafgelder fließen, welche auf den betreffenden Statuten basiren; aber die auf Grund des Gesetzes von der Behörde aufzulegende Strafe würde theils den Charakter der Strafe verlieren, wenn zum Beispiel die nach § 73 dem Arbeitsherrn aufzuerlegende Strafe von ihm als Geschenk an die Arbeiter angesehen werden könnte, theils außerdem die Zahl der Differenzen nicht vermindern, sondern aus leicht erklärlichen Gründen eher vermehren.

Die Motiven sagen zu § 83 mit Recht, daß die Verhältnisse des Arbeiters zu den Knappschafts- oder andern Unterstützungscassen, wenn er aus dem einen in einen andern diesfalls bestehenden Verband übertritt, schwer zu reguliren sind. Der Entwurf berechtigt den Arbeiter, der ohne seine Schuld die Arbeit verlassen muß, die eingezahlten Beiträge ohne Zinsen zurückzuverlangen oder nach seiner Wahl fortzusteuern. Eine derartige Bestimmung, daß die ganze Summe der eingezahlten Beiträge zurückgefordert werden kann, wird schwerlich in einem dergleichen Cassenstatut aufgenommen sein. Derartige Unterstützungscassen sind auf die Grundsätze der Versicherung basirt und müssen darauf basirt sein, wenn sie bestehen sollen. Keine der bestehenden Unterstützungscassen für Krankheit und Tod, die auf richtigen Grundsätzen errichtet ist, zahlt den vollen Betrag der geleisteten Einlagen, sondern nur einen Theil zurück. Man muß allerdings zugeben, daß hier der Fall anders vorliegt; die Versicherungsgesellschaften zahlen nur in Folge freiwilligen Austritts einen Theil zurück, während in dem in § 83 vorgesehenen Falle der Arbeiter ohne seine Schuld die Arbeit verlassen muß und daher aus dem Knappschaftsverbande nicht freiwillig scheidet. Die Grundsätze der Berechnung, die einem Versicherungstarif unterliegen, nöthigen aber, von der Motive des Austritts abzusehen und nur die Thatsache zu berücksichtigen. Der Arbeiter als Mitglied der Casse muß derselben das für ihn bisher mitgetragene Risico vergüten, und kann daher nur einen Theil zurückverlangen. Wenn die volle Zurückgewährung der Einlagen richtig sein sollte, so wäre entgegengesetzten Falls auch die Bestimmung zu treffen, daß der Arbeiter, welcher größere Summen als Unterstützung während seiner Mitgliedschaft erhalten hat, als in derselben Zeit seine Einlagen zusammengerechnet betragen, das Mehr, was er erhalten, der Casse baar vergüten müßte. Davon spricht aber das Gesetz nicht und es liegt jedenfalls eine Ungleichheit vor, wenn einseitig die ganze Summe der Beiträge restituirt werden soll. Wenn es überhaupt nicht besser sein sollte, derartige Bestimmungen aus diesem allgemeinen Gesetze weg- und den Statuten zu überlassen, so würde die betreffende Bestimmung ohngefähr nach den bekanntesten angenommenen Grundsätzen dahin lauten müssen:

> daß der ohne seine Schuld austretende Arbeiter, falls er wenigstens ein Jahr lang gesteuert hat, ein Drittheil der eingezahlten Beiträge, und zwar abzüglich dessen, was er schon als Krankengeld erhalten hat, sowie überhaupt unter Abzug der etwa in Rückstand gelassenen Beiträge (die jedoch auch gleichfalls um ein Drittel gemindert werden können) zurückerhält.

Der

Abschnitt VIII.

hat in der Grundlage eine wesentliche Abänderung, beziehentlich Vervollständigung erhalten, da es versucht worden ist, den Interessen sowohl des Bergwerksunternehmers, als des Grundbesitzers in den §§ 121, 122, 123 gerecht zu werden. Die Bestimmungen haben müssen eine andere Wendung erhalten, da der vertragsmäßige Bergbau andere Bedingungen beansprucht, als der dem bisherigen Gesetze allein vorbehalten gewesene Metallbergbau. Das weimarische Gesetz kennt die Verschiedenheit der beiden Bergbauarten vor dem Gesetze nicht, da dasselbe den Steinkohlenbergbau, gleich wie das österreichische Berggesetz, in den sogenannten Regalbergbau gezogen hat; da zu Weimar einige früher sächsische Theile gehören, in denen sächsisches Recht noch galt, das die Kohlen dem Grundeigenthümer ließ, so versucht Schomburg in den oben erwähnten Betrachtungen S. 215 fg. diese Einverleibung des Kohlenbergbaues in das Regal zu rechtfertigen. Wenn nun den Bestimmungen in den §§ 121 bis 123 ganz beizutreten ist, so kann die Aufnahme des § 124, der eine im Gesetze noch nicht enthaltene Bestimmung über ein sogenanntes Rückkaufsrecht des Grundbesitzers aufstellt, als nicht zweckmäßig, sondern nur als ungerechtfertigte Beschränkung des Eigenthumsrechtes des Bergbauunternehmers angesehen werden. Dem Grundbesitzer steht nach § 125 des Entwurfes (§ 224 des Gesetzes) für den Fall, daß der Bergwerksbesitzer das von ihm eigenthümlich erworbene Land veräußern will, das gesetzliche Vorkaufsrecht zu. Dieses schützt den Grundbesitzer in genügendem Maße, da es ihm die Gewährung der Rückerlangung seines Grund und Bodens giebt, wenn der Zweck, zu dem es ihm entäußert worden, aufgehört hat. Dasselbe gewährleistet auch dem Bergwerksunternehmer, so lange als er das Land zu Bergbauzwecken gebraucht, dessen Besitz. Die Geltendmachung des Vorkaufsrechtes kann auch nicht zu Differenzen Veranlassung geben, da der Grundbesitzer dasselbe nicht eher geltend machen, einen Anspruch auf Rückgabe des Landes nicht erheben kann, als bis der Bergwerksunternehmer selbst zur Veräußerung Anstalt trifft; denn nur er, aber nicht der Grundbesitzer kann beurtheilen, ob der Unternehmer das Land braucht oder nicht. Den Schwerpunkt der Frage des Bedürfnisses, der offenbar bei dem Unternehmer liegt, überträgt § 124 willkührlich auf den Grundbesitzer, indem er ihm das Recht einräumt:

a) dem Bergwerksunternehmer eine Frist zu setzen, resp. durch die Bergbehörde setzen zu lassen, binnen welcher dieser gezwungen sein soll, das Land zu dem Zwecke, zu welchem es enteignet worden, wirklich zu benutzen;

b) zu beurtheilen, daß und wenn das Land dem Unternehmer entbehrlich geworden und aus diesem Grunde die Rückgabe zu verlangen.

Die Motiven sprechen geradezu, daß es einem Bergwerksunternehmer nicht gestattet sei, an andere Unternehmer solche expropriirte Grundstücke zu veräußern, und ebensowenig die letzteren statt zu bergmännischen, etwa zu öconomischen Zwecken zu benutzen.

Dieses Zugeständniß an den Grundbesitz würde, wenn es bleiben sollte, nur die Quelle voraussichtlich entstehender Differenzen werden, und widerspricht den Bestimmungen des § 121, indem man annehmen muß, daß überhaupt nur solches Land dem Grundbesitzer enteignet werden kann, das der Unternehmer bei dem

Betriebe des Bergbaues zu dem oder jenem der in § 121 aufgeführten Zwecke nothwendig braucht. Wenn die Nothwendigkeit eines solchen Gebrauches nicht vorliegt, kann ja der Unternehmer gar nicht die Enteignung fordern. Kaum hat daher derselbe aus vollständig anerkannten Gründen der Nothwendigkeit das Land erworben, so steht dem Grundbesitzer das nicht an den Verlauf einer nutzlos von dem Unternehmer vorübergelassenen Zeit geknüpfte Recht zu, dem letzteren zur Benutzung eine Frist zu stellen, widrigenfalls er ihm das Land wiedergeben müßte. Wenn man annimmt, daß zur Anlage eines Werkes von Anfang an ein Plan aufgestellt und zur Ausführung desselben das Land erworben worden, so kann Niemand, am wenigsten der Grundbesitzer, dem Unternehmer vorschreiben wollen, in welcher Reihenfolge und in welcher Zeit der Unternehmer das und jenes Stück Land in Benutzung nehmen soll. Dem Unternehmer muß es freistehen, nach Zeit, Geld und Umständen das Unternehmen zu errichten und auszudehnen, und möchte es in den meisten Fällen durch eine praktische Oeconomie in der Disposition über die Geldmittel sogar am gerathensten sein, große Tagebaue, zu deren Errichtung oberflächliches Land gekauft worden, erst vorzunehmen, wenn die Erfolge der unterirdischen Baue den Zeitpunkt bestimmen, wo die Errichtung zweckmäßig und nothwendig erscheinen muß. In solchem Falle kann, wenn der Grundbesitzer nicht Rücksicht nehmen will, zumal die Vermittelung der Bergbehörde ganz unerwähnt gelassen ist, das Verfahren nach § 124 zu großen Turbationen Veranlassung geben und der § 124 nützt schließlich nicht das, was er nützen soll.

Die Fassung des § 124 läßt überhaupt nicht die Meinung des Gesetzes errathen, ob dieses Rückkaufsrecht soll zwangsweise geltend gemacht werden können; es ist keine Andeutung des Verfahrens gegeben, wenn der Unternehmer dem Verlangen des Grundbesitzers widerspricht, nur die Ermittelung des Zeitwerthes soll allerdings nach den Grundsätzen wie bei der Enteignung erfolgen. Das Rückkaufsrecht selbst schließt sich auch nicht den Bestimmungen des bürgerlichen Gesetzbuches an; das letztere kennt nur den Rückverkauf, als von dem Käufer dem Verkäufer gegenüber gestellte Bedingung, und den Wiederkauf, als einen von dem Verkäufer gestellten Vorbehalt, aber nicht ein Rückkaufsrecht des Letzteren. Unbestimmt ist daher auch, ob dieses Recht der Verjährung nach § 1133 des Civilgesetzbuches unterliegen soll.

Der § 125 läßt nicht minder in Zweifel, ob das sogenannte Rückkaufsrecht dem Vorkaufsrechte § 1118 fg. des bürgerlichen Gesetzbuches entspricht, oder ob es dasselbe Recht wie nach § 124 nur im Falle des Verkaufes sein soll. Müßte man Letzteres annehmen, so würde der Grundbesitzer, wenn er im Verkaufsfalle das Vorkaufsrecht geltend machen wollte, nicht an den Kaufpreis, den der Dritte geben will, gebunden, sondern berechtigt sein, wie es ihm nach § 224 des Gesetzes schon zustand, nur den Schätzungspreis zu geben, welches Recht aber den Eigenschaften des Vorkaufsrechtes ganz widerspricht.

Es fehlt endlich die Bestimmung, ob dieses Rückkaufsrecht, da es auf gesetzlichem Grunde beruhen soll, ex officio von der Gerichtsbehörde beachtet werden muß, oder ob dieselbe nur, wenn der Unternehmer deren „Vermittelung" in Anspruch nimmt, die Notification zu erlassen hat.

Der Meinung des Verfassers nach ist der § 124 als nutzlos und beziehentlich nachtheilig in Wegfall zu bringen und in § 125 dem Grundbesitzer nur das Vorkaufsrecht — nach den Bestimmungen des bürgerlichen Gesetzbuches — einzuräumen. Will der Unternehmer ein nutzlos gewordenes Stück Land verkaufen, so wird er es thun, wenn der Grundbesitzer auf Privatwegen mit ihm darüber verhandelt. Will er nicht, so wird dem Grundbesitzer die Geltendmachung eines Rückkaufs nach § 124 sehr schwer werden, und was nützt ihm das Recht, das er nicht sich erstreiten kann. Dem Grundbesitzer ist der Wiederverkauf, den er in Form des Vorkaufsrechtes geltend zu machen berechtigt ist, zur Erfüllung seines Interesses vollständig genügend; es kann an der Geltendmachung des Rechtes kein Zweifel entstehen; die beiden sub 1. 2. in § 124 gegebenen Bestimmungen lassen den Fortbesitz des Unternehmers nur von willkührlich aufzustellenden Behauptungen des Grundbesitzers abhängig erscheinen; keine fest im Gesetz ausgesprochene, unbezweifelt zu erkennende Thatsache ist als Grundlage zur Geltendmachung des Rückkaufsrechtes bezeichnet. Die Bestimmung sub 2 enthält sogar ein verschleiertes Verbot des Verkaufs des exproprirten Landes an einen anderen Bergwerksunternehmer, das nur durch einseitige Schlußfolgerung aufrecht zu halten wäre; die Bestimmung sub 2 würde nur, wenn sie so ausgelegt werden sollte, zu den eigenthümlichsten Weitläufigkeiten führen. Es kann der Fall eintreten, daß ein Stück Land, das zwischen zwei an einander grenzenden Werken liegt, aber nur dem einen zugeeignet war, dem anderen mit der Zeit nützlicher wird. Das Land hat die Qualität des Bergwerkseigenthums an sich, soll mit derselben verkauft werden, und dies sollte der Grundbesitzer hindern können? Was wäre die Folge? es müßte ihm wieder exproprirt werden, und es würde nicht zu rechtfertigen sein, dem Grundbesitzer das Land um einen billigen Preis zwangsweise zu überlassen, dem dritten Unternehmer dadurch den Kauf zu verwehren und ihn schließlich zu nöthigen, daß er das Land mit Gebäuden ꝛc. dem Grundbesitzer für einen theuerern Preis ablaufen muß. Der Zweck, zu welchem, und nicht die Person, an welche das Land exproprirt worden, ist das entscheidende Merkmal; es ist daher nicht abzusehen, warum die Veräußerung verboten sein soll. Dieses Verbot erweist sich um so verletzender für den Unternehmer, wenn dabei das Schätzungsverfahren aufrecht erhalten werden soll. Gebäude, die dem dritten Unternehmer wegen ihrer Einrichtung zu bergmännischen Zwecken doppelt werth sind, wenn er sie kaufen kann, sind, wenn sie zum Zwecke des Verkaufs an den Grundbesitzer geschätzt werden sollen, um von diesem niedergerissen zu werden, kaum den Preis der Materialien werth; es ist natürlich, daß das zu Bergwerkszwecken eines Dritten an denselben zu verkaufende Land nebst dem Gebäudecomplex einen größeren Schätzungswerth hat, er daher einen viel höheren Kaufpreis dem Unternehmer bieten wird, als dieser je von dem Grundbesitzer Entschädigung bekommen kann. Der einzig richtige Factor für das Geschäft ist daher nur der Preis, den der Dritte zu geben sich verpflichtet hat.

Das Gesetz muß ferner eine Bestimmung enthalten, daß das Vorkaufsrecht, wenn es von amtswegen von der Gerichtsbehörde beachtet werden und auch gegen Nachbesitzer ein mehr als persönliches Recht gewähren soll, im Hypothekenbuche eingetragen werde, wie dies im Gesetz vom 6. November 1843 vorgeschrieben ist.

Der Entwurf erwähnt in § 138 der Sachverständigen, welche die Verwaltungsbehörde zu Ausmittelung der Entschädigungen zuziehen solle. Die Zuziehung solcher möchte noch in zwei andern Fällen vorzuschreiben sein, nämlich in § 126 bei Feststellung der Caution für den Fall, daß der Unternehmer die Höhe der von dem Grundbesitzer geforderten Caution bestreitet, und zu Abfassung der in § 135 erwähnten Bescheidung. Die möglichste Anwendung dieser Form einer Zusammensetzung der Bergbehörde durch Zuziehung von Sachverständigen würde gewiß von wesentlichem Erfolge hinsichtlich der Vermeidung von Rechtsmitteln sein. Es liegt in dieser Form die zweckmäßigste und nützlichste Anwendung von Geschworenen, als welche der Verfasser diese Sachverständigen betrachtet wissen möchte. Man ziehe, nach der Form der Instructionsmaxime, zur Instruction der Verhandlungen, und zur Abfassung von Entscheidungen, aber nicht zu einem oder dem andern allein, sachverständige Männer zu, und es werden gewiß mehr Entscheidungen gesprochen werden, die beide Theile sofort befriedigen, als bisher dies der Fall gewesen.

Es legt der Verfasser den hauptsächlichsten Werth auf den Umstand, daß diese Geschworenen jedenfalls bei der Instruction des Processes thätig sind; denn die Einrichtung des Handelsgerichtsprocesses, nach welcher die kaufmännischen Mitglieder erst bei der Abfassung der Entscheidung thätig sind, hat bis jetzt geringen Nutzen gebracht. Sie würden mehr Nutzen haben, wenn sie bei der Instruction, besonders behufs der ordentlichen Beweisführung, zugegen wären. Ist der Beweis aber wegen des Mangels der Thätigkeit eines Sachverständigen bei der Instruction desselben verfehlt, so kann der Sachverständige bei Abfassung der Entscheidung nichts weiter thun, als eben bestätigen, daß er verfehlt sei.

Der Verfasser spricht überhaupt hierbei den für das ganze Gesetz geltenden Wunsch aus, daß in allen Fällen, wo das Privatinteresse des Unternehmers betheiligt ist, und die Bergbehörde eine Entscheidung zu geben hat, sie je nach Wichtigkeit der Sache zwei oder einen Sachverständigen zur Verhandlung und Entscheidung zuzieht, während der technische Bergbeamte zur Seite steht. Durch eine solche Einrichtung wird das Ansehen der Behörde nicht geschmälert, sondern gehoben, und es kann dieses Zugeständniß an die Bergbautreibenden selbst nur deren Interesse an dem Bergbau fördern, da es die scheinbare Bevormundung der Bergbehörde sehr mildert, indem das, was als Recht anerkannt wird, nicht von der Behörde und deren Organen allein, sondern von den Geschworenen zugleich, als solches anerkannt wird. Bei den Bergsachen würde, da die Gerichtsämter die Bergbehörden mitbilden, dieses Verfahren gewiß seine Tüchtigkeit für Civilsachen genügend beweisen.

Eine Frage würde noch sein, ob diese Sachverständigen von der Behörde oder von den Parteien zu wählen seien, und trägt der Verfasser kein Bedenken, vorzuschlagen, daß in Fällen, wo nur zwei Sachverständige zugezogen werden, diese von der Behörde allein, in wichtigern Fällen, wo vier erfordert werden, zwei von den beiden Parteien, außer denen von der Behörde, gewählt werden. In Districten, wo Revier-, resp. Bezirksausschüsse (§§ 90, 116 des Entwurfs) bestehen, würden die Mitglieder derselben, weil aus der Wahl der Bergwerksbesitzer hervorgegangene Vertrauensmänner, am geeignetsten zu Geschworenen sein.

Die Bestimmung in § 139 zweiter Absatz ist nicht genügend präceptiv gefaßt; es würde mit directen Worten zu sagen sein, daß der Grundbesitzer, unerwartet der rechtlichen Entscheidung über die Entschädigung, sofort nach eingetretener Rechtskraft der Entscheidung der Bergbehörde auf Grund § 135 des Entwurfs die expropriirten Bodentheile zu übergeben und zu überlassen verbunden ist.

Schließlich will man noch vorübergehend erwähnt haben, daß nach dem Wunsche der Bergbaubesitzer zum Entwurfe die in § 130 in dem Satze sub b erwähnte Frist auf 5 Jahre erhöht werden möchte, und diesem Wunsche, weil bei Errichtung eines Bergbaues viel Zeit beansprucht wird, ehe eine vollständige Eröffnung des ganzen Betriebes erfolgen kann, gewiß ohne Bedenken bei Revision des Gesetzes zu willfahren gewesen sein dürfte.

Die Ermittelung der Bergbehörden in Cap. II. ist besonders für die Praxis sehr schwierig und die betreffenden Gesetzesvorschriften sind mit größter Vorsicht aufzustellen; es enthält aber der § 144 über die Verbindlichkeit zur Schadloshaltung so ausdehnende Vorschriften, daß derselbe eine wahrhaft unversiegbare Quelle von Streitigkeiten, besonders für den Nichtmetallbergbau, werden müßte; er ist dem § 236 des Gesetzes entsprechend und in den Entwurf aufgenommen.

Gegen den § 144 haben sowohl die Kohlenbergwerksbesitzer, als die Vertreter des Erzbergbaues sich ausgesprochen.

Die Ersteren haben folgende Fassung beantragt:

„Werden auf ein Areal, unter welchem das Abbaurecht auf dem Wege freiwilligen Uebereinkommens bereits vergeben ist, Gebäude oder Anlagen errichtet, so hat der Grundbesitzer im Falle deren Beschädigung weder eine Entschädigung, noch für die Unterlassung einer solchen Anlage mit Rücksicht auf die mögliche Gefahr eine Entschädigung für die Werthsverminderung zu beanspruchen."

und als Motiven bemerkt:

„Die Ausübung des Bergbaurechtes erfolgt in den meisten Fällen beim Steinkohlenbergbau nicht auf Grund einer Concessionsertheilung durch einen Dritten gegen den Willen des Grundbesitzers, sondern nur mit dessen Willen und Genehmigung.

Bei Eingehung eines solchen, auf freier Vereinbarung beruhenden Vertrags ist daher der Grundbesitzer völlig damit bekannt, daß er durch diese Verwerthung seines unterirdischen Eigenthums das Oberirdische derselben mehr oder weniger entwerthet.

Aus diesem Grunde würde der fragliche Gesetzparagraph dem Grundbesitzer eine nicht zu rechtfertigende Begünstigung gegenüber dem Bergwerksbesitzer gesetzlich einräumen, und demselben gleichzeitig den Anknüpfungspunkt vielfacher Chicanen darbieten.

Wenn wir uns außerdem darauf hinzuweisen gestatten, daß der Grundbesitzer bei derartigen Abtretungen seines Unterirdischen vollständig freie Hand hinsichtlich seiner Stipulation hat, so ersuchen wir die von uns vorgeschlagene Fassung anzunehmen."

Die Vertreter des Erzbergbaues bemerkten im Allgemeinen zu §§ 152—155 des früheren Entwurfs Folgendes:

In diesen Paragraphen wird vom Grubenbesitzer verlangt, daß er den Unternehmer einer Oberflächenanlage wegen der dieser Anlage etwa aus dem Bergwerksbetriebe entstehenden Schäden warne, und wird von dem Erfolge dieser Verwarnung die Uebertragung derjenigen Kosten, welche die die Oberflächenanlage sicherstellenden Veränderungen beim Bergwerksbetriebe erheischen, sowie die Entschädigung des Grubenbetriebes bei hierdurch bedingter Beschränkung des Grubenbetriebes, abhängig gemacht. Diese Bestimmung scheint insofern für den Grubenbesitzer hart, als es mehr Obliegenheit dessen zu sein scheint, sich nach den örtlichen Verhältnissen, resp. nach den durch einen in der Nähe befindlichen Grubenbetrieb möglicher Weise entstehenden, oder bereits vorhandenen Gefahren zu erkundigen, welcher eine neue Oberflächenanlage beabsichtigt, als es dem zum Theil sehr entfernt wohnenden Grubenbesitzer zugemuthet werden kann, zu wissen, welche Anlagen in der Nähe seiner Grubenbaue über Tage beabsichtigt werden, und hauptsächlich inwieweit wohl seine Baue jenem Unternehmen einstmals Schaden zufügen könnten.

Wenn daher zur Sicherung neuer Oberflächenanlagen, Veränderungen im Grubenbetriebe, Kosten verursachende Baue oder Beschränkungen des Betriebes in Frage kommen, so dürfte wohl deren Entschädigung an den Grubenbesitzer vom Unternehmer jener Anlagen ebenso ein für allemal zu gewähren sein, wie der Bergbauunternehmer ausnahmslos allen Schaden zu ersetzen hat, den er dem Besitzer der Oberfläche verursacht. Noch härter als die erwähnte Bestimmung ist die des § 155, nach welcher ein Bergwerkseigenthümer, wenn er nämlich jene in § 152 gedachte Warnung unterläßt, sogar diejenigen Kosten übertragen soll, welche durch Erörterung: ob sein Grubenbetrieb, und in welchem Maaße derselbe zu Gunsten einer Oberflächenanlage zu beschränken sei, entstehen. Man bittet um Beseitigung dieser Beschwerungen des Bergbaues, welche vielleicht am ersten dadurch zu vermeiden sein würden, wenn diejenige Behörde, welche die Erlaubniß zu den Oberflächenanlagen zu ertheilen hat, den Grubenbesitzer hiervon zu benachrichtigen und durch den Bergrevierbeamten (den man sich als Mitglied der Verwaltungsbehörde denkt) die nöthigen Erörterungen anstellen ließe.

Diesen Ausstellungen muß man von beiderseitigem Standpunkte aus beitreten, und die Fassung, welche die Kohlenbergwerksbesitzer in ihrem Interesse vorgeschlagen haben, von deren Standpunkte aus befürworten. Insbesondere ist die Möglichkeit, daß so viele Chicanen auf die Bestimmungen des § 144 basirt und versucht werden könnten, in das Auge zu fassen. Worin soll der Bergwerksbesitzer die Garantie finden, daß die von dem Grundbesitzer oder dessen Trennstückskäufern projectirten Anlagen im Ernste zur Ausführung kommen sollen? Der Bergwerksberechtigte hat, wenn die Errichtung der Gebäude oder Anlagen in Folge seiner Verwarnung unterbleibt, die gefundene Werthsverminderung dem Grundeigenthümer sogleich zu vergüten. Wer hindert nun den Baulustigen, von Besitzer zu Besitzer in einem Orte zu gehen, und wenn bei dem Einen entschädigt ist, auf des Andern Grund und Boden, über welche er Käufe abschließt, Gebäude zu projectiren, damit er so und so oft entschädigt werden könne? Die Motiven zu § 142 wollen dem Bergbauunternehmenden den guten Rath geben, daß, wenn er etwas merke, daß eine Simulation vorliege, er keine Verwarnung ergehen lasse. Dadurch ist er um nichts gebessert, da er nie trauen kann, daß, wenn in so und so viel versuchten Fällen die Unterlassung der Verwarnungen am rechten Flecke war, doch in einem Falle wirklich Gebäude aufgeführt werden, wo er nicht gewarnt hat. Welcher Schaden kann ihn dann treffen! — Die Bestimmung ist im Uebrigen so wenig an Zeit und Ort beschränkt, daß diese Verwarnung auf wenig Jahre oder auch auf Jahrhunderte voraus erlassen werden möchte, daß sie sich auf Orte erstrecken möchte, wohin zur Zeit, als die neuen Anlagen projectirt werden, nach allem menschlichen und technischen Wissen und Denken niemals der Bergbau sich erstrecken könnte. Es fragt sich ferner, geht das Recht und beziehentlich die Verbindlichkeit auch auf die Nachfolger und Nachbesitzer über, oder sind nur die als Interessenten anzusehen, die zur Zeit des ersten Versuchs der Errichtung der Gebäude und Anlagen Besitzer des Bergwerks oder des Grundstücks waren, und muß also die Verwarnung von Fall zu Fall auch zwischen denselben Interessenten wiederholt werden? Kann sich der Bergwerksbesitzer mit der Einrede schützen, daß er von der projectirten Anlage nichts erfahren habe? Wie soll die Verwarnung erfolgen, um sie beweisen zu können? zu welcher Zeit? und was heißt: in Zeiten? Kann der Grundbesitzer, wenn er bereits eine Entschädigung auf Grund des zweiten Absatzes von § 144 erhalten, selbst oder ein Nachbesitzer von ihm dennoch mehrmals Gebäude errichten, oder zu diesem Zwecke Land verkaufen wollen, um nochmals den Bergwerksunternehmer zur Zahlung einer Entschädigung zu veranlassen? Muß da der Bergwerksbesitzer nochmals verwarnen? Kann der Bergwerksbesitzer, wenn ein Nachfolger des von ihm entschädigten Grundbesitzers bauen oder verkaufen will, wiederum genöthigt werden, diesem oder dem Käufer ebenfalls und anderweite Entschädigung zu zahlen? kann der Bergwerksbesitzer, obwohl er dessen Vorbesitzer hat warnen lassen, von dem Grundbesitzer, wenn von diesem ein Gebäude errichtet und derselbe aber nicht von ihm verwarnt worden ist, genöthigt werden, an diesen oder dessen Nachbesitzer volle Entschädigung für die später durch den fortschreitenden Bau erwachsenden Schäden an Baulichkeiten oder Anlagen zu gewähren? Nützt die dem Vorbesitzer geschehene Verwarnung, wenn auch der Nachbesitzer nichts davon erfährt? Oder wenn der Nachbesitzer es erfährt, soll er um deswillen durch die geringe Entschädigung gestraft werden, weil sein Vorbesitzer eine Verwarnung erhalten, wie im 3. Abschnitte § 144 bestimmt ist? obwohl ihn Niemand von der Verwarnung in Kenntniß gesetzt hat; während der, an dessen Vorbesitzer keine Verwarnung erfolgt ist, die vollständige Entschädigung erhalten soll; in beiden Fällen soll es gleich sein, ob der Nachbesitzer Kenntniß von der Verwarnung erhalten hat oder nicht; ebenso soll, wie es der Zufall mit sich bringt, der Grundbesitzer die Kosten der sicherstellenden Veränderung im Bergwerke zu tragen haben, wenn seinem Vorbesitzer die Weigerung zugegangen; es muß aber auch der Bergwerksunternehmer die Kosten tragen und der Grundbesitzer ist frei von Kosten, wenn Ersterer dem Vorbesitzer des Letzteren, zu dessen Besitzzeit erst die Entschädigungsfrage entstanden ist, die Verwarnung hat zugehen lassen.

Man sieht, es lassen sich die verschiedenartigsten, nicht zu lösenden Fragen noch weiter aufstellen, wenn dieses Princip festgehalten werden soll, daß der Bauende sich nicht selbst um zukünftige, seinem Besitzthum drohende Beschädigungen zu kümmern habe. Die Bestimmungen in der Ausführungsverordnung sind geeignet, die Bedenken nur noch zu erhöhen. Nach der Bestimmung sub a bedarf es also nur der Absicht des Grundbesitzers, verkaufen zu wollen so daß schon der Bergwerksunternehmer ihn verwarnen muß, ehe dieser noch die Absicht ausführt; von einer möglichen laesio enormis hinsichtlich des Kaufpreises im Falle sub b ist nicht die Rede und am schlimmsten ist die Zumuthung im Falle sub c, besonders wenn der Bauunternehmer den Fall sub a und c combinirt. Die im Entwurfe aufgenommene Nothwendigkeit der Verwarnung läßt sich nicht ausführen. Der Grundbesitzer, dessen Käufer und deren Nachfolger haben vielmehr selbst die nöthigen Erkundigungen, ob Bergbau getrieben wird, und ob derselbe Gefahr für die Oberflächenbesitzung bringen könne, einzuziehen, ehe solche Gebäude und Anlagen, die Gefahr leiden würden, errichtet werden könen. Der Grundbesitzer oder dessen Käufer kann insbesondere dem Nichtmetallbergbauunternehmer gegenüber gar nicht in Zweifel sein; denn wenn das Abbaurecht von einem Vorbesitzer verkauft worden ist, so ist im Grund- und Hypothekenbuche ein Eintrag ersichtlich, durch den das Abbaurecht abgeschrieben worden. Die Oeffentlichkeit der Hypothekenbücher muß daher den Bergbauunternehmer schützen, und es bedarf keiner Verwarnung seiner Seits.

Das Verhältniß wird nur dann auf billige Grundsätze basirt und geordnet werden können, wenn

a) der Bergwerksunternehmer keine Verbindlichkeit zu einer Verwarnung, der Grundbesitzer oder dessen Nachfolger vielmehr die Pflicht hat, selbst die nöthigen Erkundigungen einzuziehen; sollte, wenn ein Grubenfeld sehr groß ist, ein Grundbesitzer in Zweifel sein, ob irgend eine Muthung über ein Stück seines gekauften Oberflächeneigenthums erfolgt und ein Grubenbau zu erwarten sei, so ist zu bemerken, daß im Allgemeinen die Gegenden bekannt sind, wo Erzbergbau getrieben wird, und daher eine Frage von Seiten des Grundbesitzers oder dessen Nachfolgers recht rasch zum Ziele führen könne.

Die Ausstellungen der Kohlenbergbauinteressenten gegen § 144 dürften keiner besonderen Begründung zu unterliegen haben, da die Grundbesitzer durch den zu schließenden Vertrag die volle Gelegenheit haben, ihr Recht selbst aufzurichten.

b) Die Bestimmung § 143 bildet insoweit die Regel, daß nur der § 145 als Ausnahme gelten kann.

c) Die Fassung des § 146 bedarf bezüglich der Verwarnung, die wegfallen müßte, einer Aenderung, während aber die Bestimmungen an sich ganz folgerichtig scheinen, da sie eben den Ausnahmefall von der Regel § 143 bilden, und kann man daher der Ansicht des weimarischen Gesetzes, das zwar den § 144 ebenfalls weggelassen, aber den § 145 nur auf die Errichtung derartiger Anlagen beschränkt, nicht aber auf bereits bestehende angewendet wissen will, nicht beitreten. Das Gesetz will offenbar den § 145 bezeichneten Anlagen, wegen ihrer Wichtigkeit, in jedem Falle Schutz gewähren, und muß also auch die bestehenden Gebäude und Anlagen innebegreifen, mögen dieselben auch neuer als das Bergwerksunternehmen, aber vielleicht zu einer Zeit errichtet sein, wo noch nicht hätte erwartet werden können, daß der Grubenbau sie später erreichen würde. Den Motiven in Schomburg a. O. S. 257 ist daher nicht beizustimmen gewesen.

Schließlich gestattet sich der Verfasser, bezüglich der Redaction des Gesetzes, auf einige wünschenswerthe Aenderungen aufmerksam zu machen.

Der Deputationsbericht der II. Kammer der hohen Ständeversammlung vom Jahre 1858 hatte sich über das Gesetz dahin ausgesprochen, daß eine genaue Feststellung des Begriffs des Bergwerkseigenthums nicht länger entbehrlich sei, und dabei insbesondere auf das österreichische Gesetzbuch hingewiesen. Der neue Entwurf hat correctere Bezeichnungen gebraucht, insbesondere anstatt des in dem Gesetze vorzugsweise in den Abschnitten II. III. IV. V. durchgängig geläufigen Begriffs „Bergwerkseigenthum," die Bezeichnungen: „Bergbaurecht" und „Berggebäude" substituirt. Das Wort „Bergwerkseigenthum" ist nur in den §§ 6, 56 und 173 zu finden, und erkennt man genau, welcher Begriff dem Worte untergelegt ist.

Das Wort „Bergwerkseigenthum" umfaßt die Totalität aller Rechte, die zum Betriebe des betreffenden Bergbaues erworben, und alles oberflächliche Besitzthum an Immobilien und Mobilien, welches zu Bergbauzwecken bestimmt und errichtet ist.

Das Wort „Bergwerkseigenthum" begreift also nicht nur die zur Eintragung im Grund- und Hypothekenbuche geeigneten Rechte, nämlich das verliehene und vertragsmäßig erworbene Bergbaurecht mit seinen Anhängen: der Wasserrechte, Servituten u. s. w., sowie die Immobilien, sondern auch alles bewegliche Zubehör, das sich durch Gebrauch und Bestimmung als Bergwerkszubehör darstellt.

Bei der Auflösung der Bestandtheile des Bergwerkseigenthums, in Folge des Erlöschens des Bergbaurechtes, erhalten die ersteren ihre frühere civilrechtliche Natur wieder, so weit sie nicht an den Staat als Vertreter der rerum omnibus communium oder an die Grundbesitzer zurückfallen.

Es begegnen uns noch im Gesetze folgende, zu dessen Terminologie gehörige Begriffe und Worte: Bergbaurecht, Berggebäude, Grubenfeld, Bergwerkseigenthümer und Bergwerksbesitzer, Bergbau- und Bergwerksunternehmer.

Das Bergbaurecht ist die Grundlage jedes Bergbauunternehmens und erklärt sich durch sich selbst; es ist die Bezeichnung der Rechte, die dem Inhaber als Subjecte zustehen und sich aus diesem ableiten lassen.

Berggebäude ist die ganze bergbauliche Anlage, die auf Grund des Bergbaurechtes errichtet ist, mit Beziehung auf dessen Besitzer und zugleich Inhaber des Bergbaurechtes, sowie auf die Rechtsverhältnisse zu Dritten, und nach außen. Nicht correct erscheint der Ausdruck „verliehenes Berggebäude" in §§ 61 und 89, da das Prädicat „verliehen" nur für Grubenfeld oder Bergbaurecht paßt; es würde statt dieser undeutlichen Kürze „der Betrieb im verliehenen Grubenfelde" zu setzen sein.

Bergwerk, das oft gleichlautend mit Berggebäude gebraucht wird, sollte richtiger nur das technische und bergmännische Getriebe eines Bergbauunternehmens an sich und ohne Beziehung auf Rechtsverhältnisse bezeichnen.

Grubenfeld ist das räumliche, auf der Oberfläche abgegrenzte Gebiet, innerhalb desselben und unter welchem sich das verliehene Bergbaurecht des Beliehenen erstreckt, in diesem Sinne begegnen wir dem Ausdrucke „Grubenfeld" in den §§ 41, 45, 56; in § 50 ist dem Grubenfelde das Wort „Grube" als Bezeichnung des ganzen unter einem Namen begriffenen Bergbauunternehmens gegenüber gesetzt.

In dem § 60 ist im Texte alin. 2. das Wort „Grubenfeld", in der Ueberschrift und zu Anfang des Paragraph der Ausdruck „verliehenes Bergwerk" gebraucht; um Text und Ueberschrift in Einklang zu bringen und da nicht das Bergwerk, sondern nur das Grubenfeld verliehen wird, würde in der Ueberschrift auch „Grubenfeld" zu setzen sein.

Bergwerksunternehmer ist die Bezeichnung des Inhabers eines Bergbaurechts, der im Begriffe ist, zu Ausbeutung dieses Rechts die erforderlichen Anlagen zu errichten. Dieses Wort wird zugleich mit Bergbauunternehmen (gegenüber den gewerblichen Unternehmen in § 129) und mit Bergwerksunternehmen in §§ 121, 123, 125, 126, 131 — 154 entsprechend gebraucht. Nicht entsprechend ist aber der Gebrauch des Wortes: „Bergwerksbesitzer" in der Ueberschrift des § 123, indem in letzterem nur von dem Bergwerksunternehmer gehandelt wird. Bergwerksbesitzer und Bergwerkseigenthümer werden mit Recht ebenso gleichbedeutend als Grundbesitzer und Grundeigenthümer gebraucht; die Verbindung „Bergwerksberechtigter" in § 144 ist aber dem Gebrauche zuwider und es würde statt dieses Wortes entweder: Bergbauberechtigter oder Bergwerksbesitzer, beziehentlich Bergwerksunternehmer richtiger heißen.

Grubenbau in § 142 als Bezeichnung der Baue unter Tage entspricht den Anlagen über Tage § 149; Grube dagegen unterliegt doppeltem Sprachgebrauch, indem in § 45 Grube gleichbedeutend mit dem Berggebäude, als Bezeichnung des Ganzen, in § 69 aber nur gleichbedeutend mit dem unterirdischen Baue (Grubenbaue) gebraucht wird, es läßt sich dagegen von dem redactionellen Gesichtspunkte ein Bedenken nicht erheben, da das Wort „Grube" nach allgemeiner bergmännischer Terminologie in diesen beiden Beziehungen gebräuchlich ist.